페르시아·이란의 역사 (신비한 '천일야화'의 탄생지)

페르시아 제국부터 현대 이란까지 한 권으로 간략히 훑어보는 이란의 역사

페르시아 제국의 최대 영토

흑해 / 카스피해 / 지중해 / 이란

[페르시아·이란의 역사] 주요 연표

BCE	· 3200년경	엘람 문명
	· 2000년~1000년경	아리아인의 이주
	· 728년	메디아 제국
	· 550년	아케메네스 페르시아 제국
CE	· 226년	사산조 페르시아 제국
	· 610년	이슬람교 탄생
	· 661년	우마이야 왕조(이슬람 제국)
	· 750년	아바스 왕조(이슬람 제국)
	· 1037년	셀주크 튀르크 제국
	· 1501년	사파비 페르시아 제국
	· 1906년	입헌 혁명
	· 1979년	이슬람혁명
	· 1980년	제1대 대통령 바니 사드르 당선
	· 1989년	호메이니 사망
	· 2017년	제12대 대통령 하산 로하니 재선

페르시아 · 이란의 역사

Thinking Power Series - World History Collection 06
A Glance at the History of Iran

Written by Choi Seung-Ah.
Published by Sallim Publishing, 2018.

제4차 산업혁명 세대를 위한
생각하는 힘 세계사컬렉션 **06**

신비한 '천일야화'의 탄생지

페르시아·이란의 역사

최승아 지음

살림

머리말

'페르시아의 영광' 새롭게 다가온 이란

이란에서 돌아온 지 어언 7년의 시간이 지났다. 이란이 궁금하던 차 대학교 마지막 학기였던 2009년 겨울 우연히 이란 현지에 취직이 됐고 기말고사를 치르자마자 이란으로 떠났다. 그러나 이후 모든 게 전혀 예상치 못하게 흘러갔다. 2년 계약으로 취직한 회사를 1년 만에 그만두고 이란 친구와 함께 살며 이란 전역을 쿵쿵거리며 다녔다. 귀국 후 그 기간의 이야기를 담아 책을 냈다. 책을 쓰는 와중에 주한이란대사관에 취직해 일을 하기 시작했다. 2009년 이란이라는 나라를 만난 후, 이란은 내 인생에 중요한 키워드가 된 셈이다.

이란어 전공자인 내게도 이란은 분명 어둡고 우울한 나라였다. 그러던 중에 이란에 가고 싶을 만큼 이란이 몹시 궁금해진 계기가 있었다. 우연히 보게 된 다큐멘터리 〈왕비와 나(2008)〉와 애니메이션 〈페르세폴리스(2007)〉가 그것이다. 이란의 마지막 왕비가 등장하는 다큐멘터리 〈왕비와 나〉에서 난 처음으로 1970년대 서구화된 화려한 이란을 목격했다. 이란이 이렇게 풍요롭고 세련된 나라였다니! 놀라웠다. 더불어 프랑스에 살고 있는 이란 여성 만화가의 자서전적인 애니메이션 〈페르세폴리스〉를 통해 이란이 차도르를 입은 신실한 여성만 사는 게 아니라 다리털을 뽑고, 미국 팝 음악을 좋아하는 평범한 사람들이 사는 나라임을 알게 됐다.

첫 책을 쓰며 내가 알던 이란과 진짜 이란의 간극은 많이 줄어들었다. 그러나 명쾌하게 풀리지 않은 질문에 대한 답을 찾지 못한 이란의 이야기는 넓은 이란 땅처럼 아직도 많이 남아 있었다. 페르시아 제국이 이란이 될 때까지 무슨 일이 있었던 걸까? 왜 이란은 시아파 강국이 됐을까? 왜 이란은 하필 종교 공화국이 됐으며, 왜 미국과 이토록 사이가 안 좋은 걸까?

이 모든 궁금증의 해답이 바로 이 책을 쓰며 풀렸고 그 내용이 이 책에 다 담겨 있다. 나의 질문만이 아니라, 여러분이 이란에 대해서 갖고 있는 질문과 두꺼운 오해도 이 책을 읽다보면 한 껍질 한 껍질 벗겨질 것이라 믿어 의심치 않는다.

 지루하지 않고 쉽게 이란의 이야기를 들려주기 위해 노력했다. 지금까지 생각하던 이란의 이미지를 한쪽으로 치워두고, 마치 처음 만나는 나라인 듯 가벼운 마음으로 이란을 만나보자.

2018년 4월

최승아

• 차례 •

머리말 | '페르시아의 영광' 새롭게 다가온 이란   4

제1장 **이란의 탄생**

    01 우리에게 이란의 역사란?   13

    02 이란에서 가장 오래된 사람과 오래된 마을   15

    03 이란 최초의 문명, 엘람   17

    04 이란의 주인공, 아리아인이 등장하다!   25

    05 이란 최초의 왕조는? 페르시아 NO! 메디아 YES!   32

    `플립러닝` 이란과 페르시아는 같은 나라이다   42

    `세계사 바칼로레아` 한 나라의 역사에서 더 중요한 역사와
              덜 중요한 역사가 있을까?   44

제2장 **영광의 시절**

    01 아케메네스조 페르시아, 전설의 탄생!   49

    02 아케메네스조 페르시아가 남긴 유산   63

03 이란 역사의 중요한 연결고리, 파르티아 · · · · · · 70

04 강력한 제국 중의 제국, 사산조 페르시아 · · · · · 81

05 전 세계로 퍼진 사산조의 문화 · · · · · · · · · · 90

플립러닝 이란의 달력은 우리와 한참 다르다 · · · · · · · 100

세계사 바칼로레아 옛 제국과 현재의 제국주의는 다르다 · · · 102

제3장   굴욕적인 800년, 그리고 부활

01 아라비아 침략, 이란의 역사를 바꾸다 · · · · · · · 107

02 페르시아 문화에 빠진 튀르크족 · · · · · · · · · · 119

03 이란인이 치를 떠는 그 이름, 몽골 · · · · · · · · · 128

04 800년 만의 화려한 부활, 사파비조 · · · · · · · · 138

05 다시 찾아온 영광, 그리고 이후 · · · · · · · · · · 144

플립러닝 이란인의 알쏭달쏭 언어습관이

　　　　800년간 암흑기 시절의 영향이라니! · · · · · · 156

세계사 바칼로레아 페르시아인 우월주의 · · · · · · · · · 158

제4장   좌절과 변화의 시대

01 이란 역사상 가장 굴욕적인 시절, 카자르조 · · · · · 163

02 변화와 좌절　171

03 새로운 영광을 꿈꾼 팔레비조　182

04 영광의 빛과 그림자　192

05 더 이상은 못 참겠다, 이슬람 혁명　201

플립러닝 호메이니가 카르발라 사건으로
이란인의 가슴에 불을 지를 수 있었던 이유는?　212

세계사 바칼로레아 정치제도에 정답이란 게 있을까?
－이슬람식 민주주의 이슬람 공화주의 들여다보기　214

제5장　새로운 실험

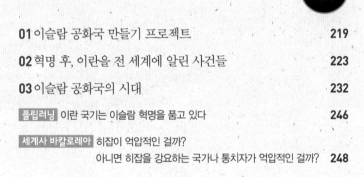

01 이슬람 공화국 만들기 프로젝트　219

02 혁명 후, 이란을 전 세계에 알린 사건들　223

03 이슬람 공화국의 시대　232

플립러닝 이란 국기는 이슬람 혁명을 품고 있다　246

세계사 바칼로레아 히잡이 억압적인 걸까?
아니면 히잡을 강요하는 국가나 통치자가 억압적인 걸까?　248

맺음말 | 역사를 병풍처럼 두르고 보자!　250

참고도서　253

연표　255

‘이란’이란 나라는 어떻게 탄생했을까? 원래 이란 땅엔 오랜 시간 그곳에서 살고 있던 사람과 오래된 문명이 있었다. 이란인은 나중에 이곳에 정착했다. 이들은 나름의 이유로 이란으로 흘러 들어왔고 이곳에서 세력을 넓혀 급기야 나라를 탄생시켰다.

이란인은 어떤 민족이었고, 어쩌다 이란까지 왔으며, 어떻게 나라까지 탄생시킨 걸까? ‘오랜’ 이란 역사의 시작, 그때의 시간으로 함께 떠나보자.

제1장

이란의 탄생

01

우리에게 이란의 역사란?

여러분이 생각하는 이란은 어떤 나라일까? 검은 차도르를 입은 여인들이 사는 나라? 이슬람 국가? 테러 국가? 아무튼 무섭고 두려운 나라라고? 여러분보다 이란을 조금 더 경험한 내 눈으로 보면 이란은 그렇게 우울한 나라가 아니다. 그런데 왜 이렇게 무섭게 느껴지냐고? 그건 이란에 대한 두터운 오해와 편견 때문이다.

지도에서 이란이 어디 있는지 찾아보자. 최근 미국과 전쟁을 치른 두 나라가 힌트이다. 두 나라는 아프가니스탄과 이라크인데 그 사이에 있는 나라가 바로 이란이다. 어째 더 무섭다고? 큰일이다.

오해는 천천히 풀기로 하고, 이란의 이야기는 여기 이란이 웅크리고 있는 높고 평평한 이란고원에서 시작된다. 이란의 역사라고 어렵게 생각할 것 없다. 여러분이 이란을 만날 때까지, 이란이 여러분을 만날 때까지 이란이 만들어온 긴 이야기라고 생각하면 된다. 이란의 긴 이야기를 훑어본다면, 더 이상 이란에 대해 겁먹지 않을 것이다.

시간 낭비하지 말고 어서 이란이 탄생한 먼 시간으로 거슬러 올라가보자.

02

이란에서 가장 오래된 사람과 오래된 마을

이참에 이란(정확히 말하면 이란고원)에서 가장 오래된 '사람'의 흔적부터 얘기해보자. 가장 오래된 사람은 지금은 이라크 북부에 있는 어두컴컴한 샤니다르 동굴에서 발견됐다.

"어? 이거 뭐지?"

가장 오래된 뼈를 발견한 건 아이로니컬하게도 현재 이란과 사이가 안 좋은 미국 출신 고고학자 솔레크였다. 그가 보기에 고스란히 보존된 6만 년 전 사람의 뼈도 감동이었지만, 그는 뼈 주변 흙 속에서 발견된 꽃가루와 꽃술에도 감명을 받았다. 옛사람들이 죽은 이의 명복을 빌기 위해 시체 위에 꽃을 놓아둔 것이다.

가장 오래된 사람에 이어 가장 오래된 마을(정착촌)은 이란 중부에 있는 카샨시(市) 근처에서 발견됐다. 부풀어오른 식빵같이 생긴 유적지 '시알크'에서 프랑스 고고학자 기슈르망은 문양이 아름다운 토기와 청동기 등 많은 유물을 발견했다.

샤니다르 동굴, 시알크, 고대 이란의 흔적들

이란고원의 옛사람들도 여러분이 아는 구석기 시대를 지나 신석기 시대를 거치며 씨를 뿌리고 동물을 키우며 살았다. 진흙으로 집을 만들고 빛나는 보석으로 몸을 치장하며 정성 들여 도구와 장신구를 만들기도 했다. 시간이 점차 흐르고, 이들의 생활은 점점 나아졌다. 그럴수록 이들은 거대한 엉덩이의 여신상을 세워두고 지금처럼 풍요롭게 살기를 희망했다. 부자가 되고 싶어 하는 지금 우리의 마음이나 먼 옛날 이란 사람의 마음이 별반 다르지 않았던 셈이다.

03

이란 최초의 문명, 엘람

그러던 어느 날, 이란에 '문명'이란 것이 생겨났다. 이란 최초의 문명, '엘람 문명'(기원전 3200~기원전 539)이 그것이다. 보통 문명은 큰 강가 주변 비옥한 땅에서 발생한다. 그래야 농사가 잘되어 풍요로워지고 그 여유를 바탕으로 기술과 예술·제도를 발달시키는 것이다. 그렇게 본다면 이란은 문명이 발생하기 정말 힘든 땅이었다. 같은 시기 티그리스강과 유프라테스강 근처에서 메소포타미아 문명이 발생한 반면, 이란은 국토의 절반이 산악지대라 문명적으로 보면 암담했다.

그런데 이런 이란에 어떻게 문명이 발생한 걸까? 추측건대 엘람은 이란 남서부, 높은 이란고원이 시작되기 직전에 위치해 있던데다 데즈강과 카룬강 등을 가로질러 자리하고 있었기에 비옥한 문명의 바람을 맞을 수 있던 것으로 보인다.

엘람을 괴롭힌 함무라비 왕

가장 오래된 법전이자, 돌기둥 법전인 함무라비 법전은 다들 들어봤을 것이다. 이걸 만든 함무라비 왕은 바빌로니아라는 나라의 왕이었다. 엘람이 있던 당시 근처, 그러니까 티그리스강, 유프라테스강(메소포타미아) 일대엔 이 바빌로니아와 아시리아, 수메르라는 나라가 있었다. 엘람은 이 세 나라와 으르렁거렸다.

무엇보다 엘람이 오랜 시간 기를 펴지 못한 건, '눈에는 눈, 이에는 이'로 유명한 함무라비 왕 때문이었다. 메소포타미아를 통일했다고 알려진 유명한 함무라비 왕이 죽고 나서야 엘람은 바빌로니아에서 독립했다.

영원한 승자는 없는 법. 시간이 지나 엘람의 슈트룩 나흐훈테라는 왕은 바빌로니아와의 전쟁에 승리해, 2.25미터의 무거운 돌기둥 법전인 함무라비 법전을 엘람까지 끌고 왔다. 비록 얼마 안가 다시 바빌로니아에게 반격을 당했지만. 이때 이란에 오게 된 함무라비 법전은 오랜 세월 묻혀 있다가 1901년대 초, 프랑스 탐험대에 의해 발견돼 다시 프랑스에 빼앗겨 현재 루브르 박물관에 전시돼 있다. 역사의 승자는 돌고 도는 셈이다.

먼 훗날 엘람을 멸망시킨 나라는 아시리아였다. 아시리아의 이름도 어려운 아슈르바니팔 왕은 엘람을 제국에서 작은 왕국으로 만들어버렸다(기원전 639).

지상에 남은 엘람의 거대한 흔적, 지구라트

아시리아의 아슈르바니팔 왕은 엘람을 멸망시킨 후 으스대며 문자판에 이렇게 영광의 기록을 남겼다.

"나는 수사의 지구라트를 허물어뜨렸다. ……나는 엘람의 신전들
을 더 이상 존재하지 못하도록 무(無)로 만들었다. 나는 엘람인의
남신들과 여신들을 바람에 날려 흩어버렸다."

엘람 문명은 무려 기원전 3200년에 시작된 문명이지만, 다행히 기적적으로 살아남은 거대한 흔적이 있다. 바로 지구라트이다. 지구라트는 탑처럼 쌓아 만든 거대한 신전 건축물을 말한다. 쉽게 말해 피라미드와 비슷하게 생긴 신전 건물이다. 아슈르바

- **엘람 문명의 거대한 흔적, 지구라트**
엘람인은 신에 가까이 닿기 위해 거대한 신전을 짓고 정성스럽게 예배를 드렸다.

니팔 왕은 엘람의 지구라트를 허물어뜨렸다고 자랑했지만, 다행히 완전히 다 부수진 못했다. 상태가 안 좋기는커녕 엘람의 지구라트는 가장 잘 보존된 최대의 지구라트로 손꼽힌다.

엘람인은 왜 이리 신전을 크게 지었을까? 이들은 매일 밤 신들이 다녀간다고 생각했다 하니, 최대한 신에 가까이 닿게끔 신들이 다녀가기 편하게 높고(최고 높이가 무려 50미터) 커다랗게 지은 건 아닐까? 이들은 지구라트 안에 있는 열한 개 신전에서 자신들이 믿는 다양한 신에게 살찐 소나 양·술·향기 나는 가루를 바

제1장 이란의 탄생

치고 정성스럽게 기도를 드렸다.

지구라트가 서 있는 이란의 초가잔빌(당시 이름은 두르 운타쉬였다) 지역은 엘람의 운타쉬 나피리샤 왕(재위: 기원전 1275~기원전 1240)이 세운 종교수도였다. 그러나 아시리아의 아슈르바니팔 왕은 이곳을 파괴했고(기원전 640), 초가잔빌은 벽돌 무더기가 뒹구는 폐허가 되어 버렸다. 지구라트 일부도 세월에 둥글게 마모되어, 황톳빛 언덕처럼 변했다. 그래도 엘람의 신들이 이곳을 지켜낸 건지, 지구라트는 크게 망가지지 않은 채, 이란에서 페르세폴리스, 이맘 광장과 함께 가장 먼저 선정(1979)된 유네스코 세계유산이자 엘람의 거대한 흔적으로 해마다 관광객을 맞이하고 있다.

머리 없는 여인상의 비밀

지구라트와 함께 유명한 엘람의 흔적이 하나 더 있다. 바로 프랑스 루브르 박물관에 전시되어 있는 머리 잘린 여신상이다. 으스스하다고? 무서워할 것 없다. '나피라수'라는 실물 크기 여신상은 지구라트를 건설했던 운타쉬 나피리샤의 부인, 왕비 나피라수를 묘사한 청동상이다. 긴 치마를 입고 손을 가만히 포개고 있는 이 동상은 언제부터인지 모르지만 얼굴·왼팔·왼쪽어깨·목이 부러지고 없다.

나피라수 왕비의 얼굴은 영원히 미스터리로 남겠지만, 분명 아름답고도 강인해 보이는 얼굴이었을 것 같다. 엘람은 여인의 힘이 강한 사회였다. 더불어 주변 나라들의 여인보다 훨씬 진보적이었다. 도자기를 손수 구웠고, 종족을 이끌기도 했으며 성직자가 되기도 했다. 남편이 죽으면 원하는 만큼 유산을 가졌고, 자신이 선택한 자식 한 명만이 자신을 모실 수 있었으며, 자신을 돌본 자식에게 가장 많은 재산을 물려주었다. 타임머신을 타고 날아가 엘람의 여인을 만난다면, '페미니즘'에 대해 크게 한 수 배울 수 있을지도 모른다.

엘람 점토판을 둘러싼 고군분투, 그러나……

의외의 놀라운 이야기를 갖고 있는 이란 최초의 문명, 엘람 문명은 세계 4대 문명처럼 세상에 널리 알려지진 않았다. 사실 4대 문명 외에도 세계 곳곳엔 다양한 문명이 발생했다. 4대 문명은 오로지 규모가 크고 앞선 문명일 뿐.

메소포타미아 문명이 발전한 데엔 엘람인의 역할도 컸다. 농산물은 풍부하지만, 건물을 세우는 데 필요한 재료가 부족했던 메소포타미아에 엘람인은 이란고원의 목재·금속·보석 등을 전해주었다. 대신 엘람인은 부족한 농산물을 받았다.

푸른 데즈강이 흐르고, 비옥한 땅에서 밀과 과일이 풍부하게 수확되던 엘람. 그곳의 '의외의' 이야기가 더 궁금하지만, 엘람의 역사는 신비에 싸여 있다. 엘람인도 기록을 남기긴 했다. 이들도 문자를 찍고 새긴 점토판을 많이 만들었고 지금까지 남아 있는 것도 적지 않다. 그러나 엘람의 역사는 『성서』, 메소포타미아 지역 석비, 점토비, 수메르 왕국의 문서로 알려졌다. 왜 후세 사람들은 엘람 점토판이 아닌 이웃 지역 기록으로 엘람의 역사를 밝혀낸 걸까?

기록은 많은데 도무지 해석이 어려웠기 때문이다. 엘람문자는 쓰인 시기별로 구분되는 문자가 세 가지나 있었다. 어떤 문자는 해당 문자로 기록된 유물이 22개뿐이라 해독이 어려웠고, 어떤 문자는 점토판은 1,600개나 있었지만 '양 24마리' 등 회계 장부 쓰듯 기록한 터라 해석이 어려웠다. 외국인이 한국어로 쓴 가계부만 보고 한국어를 해석할 수 있을까? 당연히 어렵다. 유일하게 해석된 문자, 엘람 쐐기문자는 훗날 페르시아의 다리우스 왕이 이 문자를 포함 세 가지 언어로 비문을 만든 탓에 쉽게 밝혀낼 수 있었다. 열정적인 영국인 문자 학자 롤린슨이 이미 해석된 다른 비문을 보고 엘람 쐐기 문자를 해석해냈다. 덕분에 이 문자가 새겨진 지구라트가 엘람의 유적이라는 것도 밝혀냈다.

엘람의 비밀을 풀어라!

엘람어는 후손을 남기지 않고 사라져버렸다. 영국 옥스퍼드 대학과 미국 캘리포니아 대학은 해석에 실패한 원시 엘람문자 점토판 사진을 학교 웹사이트에 올려 대중에 공개했다. 관심 있는 사람은 원시 엘람문자의 비밀을 풀어보시기를. 여러분 중 이란 최초의 문명, 신비에 싸여 있는 엘람의 비밀을 풀 천재적인 고고학자가 나올지도 모른다.

04

이란의 주인공, 아리아인이 등장하다!

'이란'이라는 나라 이름은 무슨 뜻일까? 생선 알처럼 느껴질 뿐 전혀 모르겠다고? 이란은 바로 '아리아인의 나라'라는 뜻이다. 웬 아리아인? 사실 이란인의 조상은 방금 만난 엘람인이 아니라, 아리아인이다. 아리아인은 이란 땅에 처음부터 살던 사람이 아니었다. 유목민인 이들은 기원전 2000년에서 기원전 1000년 사이 이란 땅에 도착했다.

배움의 달인, 이란에 성공적으로 정착하다!

중앙아시아 초원지대에 살던 그들이 굳이 말을 타고 이곳까지

온 건 '생존' 때문이었다. 날이 갈수록 추위가 매서워졌으며, 인구가 늘어나 복잡해졌고 적들의 노략질과 괴롭힘도 피곤하기 이루 말할 수 없었다. 어쨌든 이들의 이동은 지금으로 치면 이민이었다. 아리안족은 말을 타고 서쪽으로 한참을 달려 이란고원에 도착했다. 이들은 원주민의 병사가 되거나 하수인이 되어 고원 생활에 적응해나갔다. 원주민에게 농사를 배우고 정착 생활의 노하우를 빠르게 흡수했다.

흰 피부, 큰 눈, 오뚝한 코……. 이란인의 외모가 유럽 사람과 비슷한 것도 바로 이들이 아리아인의 후예라 그렇다. 정말 의외라고? 역사의 광풍을 거치며 현재 이란엔 다양한 민족이 살고 있지만 이란엔 아리아인 출신인 페르시아인이 60퍼센트로 가장 많다. 먼 옛날 아리아인은 중앙아시아 초원에서 모두 이란고원으로 이동해 정착하진 않았다. 일부는 인도에 정착했고, 일부는 저 멀리 유럽으로 이동해 색슨족·켈트족·게르만족·슬라브족이 되었다. 주요 유럽 국가를 이루는 민족의 조상이 아리아인인 셈이니, 이란인의 외모가 유럽 사람과 비슷하다 해도 크게 이상할 것이 없다.

동방박사가 이란인이었다고?

그러던 어느 날, 이란인은 세계 최고의 베스트셀러 『성경』에 등장한다.

"저기 저 별 좀 봐. 저기 별이 떠 있는 걸 보니, 여긴 것 같네."

세 동방박사는 베들레헴의 한 마굿간 앞에서 발걸음을 멈췄다. 그들은 조심스레 마굿간에 들어가 마리아와 함께 있는 아기 예수를 보자마자, 감격한 마음으로 땅에 엎드려 절을 드렸다. 이

• **예수의 탄생에 함께 한 동방박사**
별을 보고 먼 곳에서 와 예수의 탄생을 함께한 동방박사는 이란의 종교인인 '마기'로 추측된다.

들은 멀리서 갖고 온 보물 상자를 열고 축복을 빌며 아기 예수에게 황금과 유향·몰약을 선물로 주었다.

동방박사라 불리던 이들은 이란인이었다. 이들은 별을 읽을 줄 아는 종교인으로 이란에선 '마기'라고 불렸다. 마기는 이란에서 자신들의 신비한 능력으로 권력을 누렸다. 매직(마법)이라는 단어도 신비로운 능력을 가진 이들의 이름에서 유래했다.

엘람인도 그랬듯 이란 사람들은 자연재해와 거친 자연환경, 잦은 전쟁을 겪으며 자신들을 보호해줄 신을 믿고 제사를 지내게 됐다. 이들은 점점 세상에는 좋은 일을 벌이는 선신과 악한 일을 꾸미는 악신이 있다고 생각하기 시작했다. 그래서 선신에게는 늘 자신과 같이 있어주기를, 악신에게는 자신의 삶에 해를 끼치지 않기를 기도했다. 그들은 이런 생각으로 각 지역마다 다양한 선신과 악신·잡신을 만들어냈다.

이란인의 첫사랑 종교, 조로아스터교의 탄생

"아, 계속 이렇다면 발전이 없지. 암 그렇고말고."

이때 이란고원 안에 득실득실한 신들을 하나로 정돈한 사람이 나타났으니, 그는 바로 차라투스트라(기원전 630~기원전 553)였다. 그는 이란인에게 잡신들을 믿지 말고, '아후라 마즈다'라는 신 하나

• **조로아스터교의 상징 파라바하르**(Faravahar)
  새의 날개 위에 사람이 앉은 모습으로, 신 아후라 마즈다를 표현한 조로아스터교의 대표적인 상징물이다.

만을 믿어야 한다고 주장했다. 이 세상에 믿어야 할 신은 딱 하나
라는 가르침은 다양한 신을 믿던 당시로선 획기적이었다. "뭐?
아후라 마즈다라는 신만 믿어야 한다고? 얼토당토않은 소리!"
어찌나 획기적이었던지 그가 종교를 전파한 10년 동안 추종자는
달랑 그의 사촌 한 명뿐이었다. 조로아스터교는 이란의 한 왕이
믿기 시작한 후에야 퍼지기 시작했다. 사실 이 왕은 조로아스터
교가 마음에 들었다기보다 다른 속셈이 있었다. 서로 다양한 신
을 믿어 분열된 백성의 마음을 조로아스터교를 통해 한데 모으려
고 한 것이다.

차라투스트라는 잡신들을 믿지 말라고는 했지만, 세상에 좋은 신과 나쁜 신이 따로 있다는 건 동의했다. 그는 세상엔 선한 신 아후라 마즈다와 악한 신 아흐리만이 함께 있다고 보았다. 세상이 선과 악으로 나뉘어 있다는, 어려운 말로 '이원론(二元論)'. 지금 우리에게는 당연하게 느껴지지만, 당시엔 세상을 바라보는 새로운 틀을 제공했다. 세상엔 나쁜 사람이 있고 좋은 사람이 있다는 말도 그리고 보면 조로아스터교에서 나온 셈이다. 이 이원론은 그리스도교·유대교·이슬람교에도 고스란히 스며들었다.

조로아스터교는 불을 숭배한다는 이유로 '배화교(拜火敎)'로 알려져 있지만, 교인들이 믿는 건 아후라 마즈다이다. 불은 아후라 마즈다의 지혜 또는 진리를 상징하는 것일 뿐. 이때 탄생한 조로아스터교는 오랜 기간 이란인이 가장 많이 믿는 종교가 되었다. 이란인은 줄곧 이슬람만 믿어온 줄 알았는데 놀랍다고? 그렇지 않다. 이슬람교는 7세기 아라비아가 이란을 점령한 뒤에 퍼졌다.

아리아인은 적응의 달인이었다. 그들은 유목민 특유의 적응력으로 원주민의 하인에서 이란고원의 정복자로 변해갔다. 그들은 또 말타기의 선수였다. 원주민이 아리안족을 병사로 쓴 건 다 이유가 있었다. 그들은 화려한 기마 기술로 주변의 원주민과 적들을 제압해가며 몸집을 불려나갔다. 시간이 흘러 드디어 이란 최초의 왕조 메디아 왕조(기원전 728~기원전 550)가 탄생했다.

이란에 당도한 아리안족 중 가장 대표적인 부족은 페르시아 민족과 메디아 민족이었다. 메디아 민족은 페르시아 민족보다 먼저 아리안족 최초의 왕조를 탄생시켰다.

이란 최초의 왕조는? 페르시아 No! 메디아 Yes!

메디아족이 왕국을 만든 건 어떻게 보면 아시리아 덕분이었다. 당시 강국 아시리아는 자그로스산맥에 흩어져 살던 메디아족을 끊임없이 괴롭히고 있었다. 아시리아는 원래 강국이었지만 메디아에서 뺏은 튼튼한 말 덕분에 나날이 군사력이 강해져 상대하기가 보통 힘든 게 아니었다. 위기가 기회라고 메디아족과 다른 아리안 부족은 최강국 아시리아를 상대하느라 더욱 똘똘 뭉치게 되었고 결국 나라까지 탄생시켰다.

아시리아, 메디아를 망치러 온 메디아의 구원자

현재 이란 하마단시(市)에 남은 메디아의 왕궁터는 모양이 독특하다. 두꺼운 벽이 도시 맨 안쪽 궁전, 보물창고를 원형으로 7겹이나 두르고 있다. 성벽은 세월에 닳고 색깔도 노랗게 변했지만 당시엔 7겹 벽이 모두 다른 색이었다고 전해진다. 바깥쪽부터 안쪽까지 흰색·검은색·진홍색·청색·주황색으로 칠해졌고, 제일 안쪽 두 벽은 은과 금으로 도금돼 있었다고 한다.

이렇게 화려한 성벽을 두르고 첫 왕이 된 이는 데이오케스(재위: 기원전 728~기원전 675)라는 자였다. 그가 왕이 된 이유는 공정한 판결을 잘 내리기로 유명했기 때문이다. 그는 왕이 된 후, 신이나 부족회의를 개최했지만, 참석률은 민망할 정도로 저조했다.

"도저히 멀어서 못 갈 것 같소."

일부 부족들은 회의 장소가 산악지대라 가기 힘들다고 핑계를 댔지만 이유는 따로 있었다. 또 아시리아였다. 아시리아와 인접한 부족들은 아시리아의 보복이 너무나 두려웠다. 누가 뭐라 해도 아시리아는 여전히 강국이었다.

아시리아에게 복수하다!

메디아가 영원한 강국처럼 보이던 아시리아를 무찌른 건 키약사레스(재위: 기원전 625~기원전 585)라는 왕 때였다. 메디아 군대도 예전의 그 약한 군대가 아니었다. 메디아는 스키타이의 지배를 받은 적이 있었는데 이 시기는 굴욕적이었지만 안정적이기도 했다. 군대의 힘을 키울 절호의 기회였다.

키약사레스는 메디아의 역사에 전설을 만들었다. 그는 강해진 군대로 스키타이를 내쫓고 이란고원에 있는 크고 작은 부족을 모아 전쟁 준비에 돌입했다. 그는 또 다른 강국 바빌로니아의 왕과 동맹을 맺은 후 함께 아시리아 동쪽을 치기 시작했다. 기병대의 공격, 번뜩이는 칼과 창, 살해된 병사, 시체 더미, 죽은 나신들이 끝없이 이어졌다. 발에 차이는 것이 시체였다. 아시리아는 메디아 군대에 의해 차츰차츰 무너졌다. 3년의 전투 끝에 승자는 메디아가 되었다(기원전 612). 아시리아의 진귀한 보물을 모두 메디아로 가져왔고, 그 보물은 함께 공을 세운 지도자들끼리 나누어 가졌다.

키약사레스 왕은 또 다른 강국 리디아도 무너뜨렸다, 라고 말하면 좋았겠지만 리디아와의 전쟁은 무승부로 끝났다. 리디아와 벌인 전쟁은 영원할 듯 길고 지루했다. 전쟁 기간이 무려 5년, 어쩌다 한 번은 메디아인이, 한 번은 리디아인이 이겼다.

전쟁이 6년 차로 접어들 무렵인 기원전 585년 5월 28일 낮.

"어? 갑자기 밤이 된 건가?" 갑자기 조명이 꺼지듯, 낮이 밤이 돼버렸다. 일식 현상이 일어난 것이다. 이들은 자연의 이변에 놀라 전쟁을 중단했고 주변국들의 중재 아래 평화조약을 맺었다. 주변국들은 이 조약이 단단히 유지되도록 두 나라로 하여금 결혼 동맹을 맺게 했고, 키악사레스의 아들 아스티아게스는 얼굴 한 번 본 적 없는 리디아의 공주를 아내로 맞았다.

왕의 우울증과 불길한 공주의 꿈

불행보다 권태가 무섭다더니, 키악사레스 왕을 이어 왕이 된 아스티아게스(재위: 기원전 585~기원전 550)는 우울증에 걸렸다. 제국의 황금기가 가져온 사치와 향락에 몰두하다 권태에 빠진 것이다.

"하아……."

그는 점점 침울해져갔다. 왕국에 불운이 닥쳐 몰락하는 환영에 시달리기도 했다. 그럴수록 그는 별을 읽는 마기에게 의존하기 시작했다. 우리가 힘들면 사주팔자를 보거나 점쟁이를 찾아가는 것처럼 말이다. 그러던 어느 날, 아스티아게스는 자신이 꾼 꿈 때문에 몹시 불안해했다.

"이보게, 딸 만다네가 꿈속에서 오줌을 눴는데, 오줌이 메디아 전체를 삼켜버렸지 뭔가."

이 꿈을 들은 마기들은 이 꿈이 만다네 공주의 아들이 메디아를 몰락하게 할 징조라고 해석했다. 불안해진 아스티아게스는 공주를 한 속국의 왕과 결혼시켰다. 아스티아게스는 그를 메디아의 중류층보다도 비천하다고 생각했다. 그러나 이럴 수가. 시간이 흘러 공주가 임신한 후 그가 꾼 꿈은 더욱 불길했다. 만다네 공주 다리 사이에서 포도 나무 덩굴이 자라더니, 전 아시아를 덮

• **아스티아게스의 꿈**
아스티아게스의 꿈을 표현한 15세기 프랑스 그림으로 만다네 공주 다리 사이에서 포도 넝쿨이 자라나는 모습을 표현하고 있다.

　　　　　　　　　　　　　　　제1장 이란의 탄생

어버리는 것이었다.

극도로 불안해진 왕은 심복 하르파고스에게 외손자가 태어나자마자 죽이라고 명령을 내렸다. 그런데 왕의 명령은 지켜졌을까? 그렇지 못했다. 차마 아이를 죽일 수 없던 하르파고스는 왕의 소치기들 중 한 명에게 이 일을 넘겼는데 그가 하르파고스의 명령을 어기고는 왕의 손자를 몰래 키운 것이다.

왕의 외손자에게 나라를 빼앗기다니!

가까스로 살아남은 손자의 이름은 키루스. 그의 아버지는 캄비세스 1세라는 페르시아의 왕이었다. 세상에 비밀은 없는 법. 키루스가 열 살이 되던 해 키루스의 존재는 아스티아게스 왕에게 발각된다. 이에 아스티아게스는 하르파고스의 아들을 죽이고 하르파고스에게 아들 고기를 먹게 하는 천인공노할 복수를 저지르고 만다.

아스티아게스는 이후 페르시아의 왕이 된 손자 키루스를 계속 주시했다. 마기의 위로에도 그는 불안했다. 손자가 너무 유능했기 때문이다. 그는 불안의 싹을 없애기 위해 속국 페르시아와 전쟁을 벌였다. 전쟁은 페르시아 군대의 열세에도 불구하고 3년 만에 페르시아의 승리로 끝났다. 키루스의 유능함 덕분이기도 했

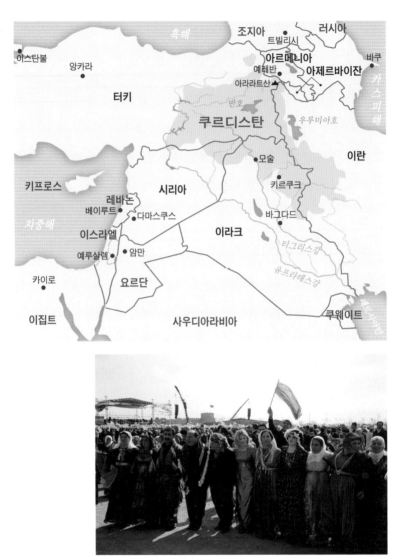

- **쿠르디스탄 지도와 쿠르드족**
  대표적인 나라 없는 민족 쿠르드족은 이란·터키·이라크·시리아 등 4개국에 걸쳐 약 3,600만 명이 살고
  있다.

지만 무엇보다 하르파고스의 노력 때문이었다. 아스티아게스는 어리석게도 원한에 차 있던 하르파고스를 장군으로 임명하고는 페르시아를 무찌르라고 명령했다. 결과는 불 보듯 뻔한 일. 그는 전투 중에 반란을 일으켜 외할아버지 아스티아게스를 그의 외손 자에게 넘겨주었다.

아들을 먹은 아비, 하르파고스의 피눈물 어린 복수는 성공했 다. 나라를 빼앗긴 아스티아게스는 이제 본인의 목숨이 다했다 고 생각했다. 그러나 키루스는 외할아버지를 죽이지 않고, 연금 을 주며 자신의 곁에 있게 했다. 그는 메디아를 정복한 이후에도 메디아인을 노예로 만들지 않고 메디아 귀족들을 그의 진영으로 흡수시켰다. 수도 엑바타나(하마단)도 파괴하지 않고, 계속 메디아 왕국의 수도로 남겨두었고 때때로 자신의 여름 수도로 사용했다.

역사란 알다가도 모른다고, 메디아를 멸망시킨 건 아시리아도 바빌로니아도 리디아도 아닌, 속국 페르시아였다. 어찌 됐든 메 디아는 자비로운 왕의 배려 아래 페르시아의 지배국에서 속국이 되었다.

"우리가 우리의 신이 되리라"

헤로도토스에 따르면, 페르시아와의 전쟁에 패한 후, 아스티아게스는 하르파고스와 만나 이렇게 말했다고 전해진다.

"너야말로 어리석다, 하르파고스. ……굳이 나를 끌어내리고 새 왕을 모시고 싶었다면, 페르시아인보다 메디아인에게 넘겼어야 옳아. 너는 아무 죄도 없는 메디아인을 주인이 아닌 노예로 만들었 다. 노예였던 페르시아인을 메디아인의 주인으로 만들고 말이야."

아스티아게스가 정말 이렇게 말을 했는지는 알 길이 없지만, 이 말을 슬픈 예언처럼 받아들일 이들이 바로 쿠르드족이다. 대 표적으로 꼽히는 나라 없는 민족이자 이란에서 네 번째로 인구 가 많은 쿠르드족은 자신들을 다름 아닌 메디아족의 후손이라고 생각한다. 자신들의 국가에도 이렇게 표현해놓았다.

"쿠르드는 없다 말하지 마라/ 우리는 여기에 있고/ 우리의 깃발은 결코 내려지지 않을 것이니/ 우리는 메데스(메디아족)와 케이코스 로(키약사레스)의 후계자……."

　　　　　　　　　　　　　-쿠르드족 국가 「수호자여(Ey Reqîb)」 중

일부 학자들은 그들이 메디아족의 후손이라는 데 의문을 제기

• **이란 하마단시(市)에 있는 메디아의 왕궁 터**
당시에는 일곱 빛깔의 벽으로 둘러싸여 있었지만, 세월이 흘러서 칠이 벗겨진 채 성벽만 남았다.

하지만, 그들은 굳게 믿고 있다. 자신들이 메디아족의 후손임을.

쿠르드족은 정말 메디아의 후손일까? 메디아 왕조는 아리아인이 탄생시킨 최초의 왕조지만, 그 유명한 페르시아 왕조에 늘 가려져 있다. 어떨 땐 페르시아 왕조로 가기 위한 디딤돌처럼 보이기도 한다. 그러나 메디아의 이야기는 쿠르드족에게만큼은 페르시아의 이야기보다 선명하게 남아 있다. 역사란 누구를 중심에 두느냐에 따라 다르게 다가오는 법이다.

이란과 페르시아는 같은 나라이다

이란과 페르시아는 같은 나라이다. 그런데 왜 이 두 나라는 서로 뚝 떨어져 보일까?

페르시아는 거대하고 이란은 작아 보이지만 사실은 정반대이다. 페르시아는 이란 남부 한 주(州)의 이름에서 유래한 이름이다. 대제국의 이름이 한낱 주 이름이라고? 현재의 이란 남부 파르스 (Fars)주 지역을 그리스인이 그들의 방식대로 '페르시아'라고 부르면서, 이 땅에 '페르시아'라는 말이 등장했다. 그렇다면 '페르시아'는 왜 이렇게 광대하게 느껴질까? 그건 바로 이곳에서 탄생한 페르시아 왕국이 이후 거대한 제국이 되었기 때문이다.

이란은 '아리아인의 나라'라는 뜻이다. 1935년 이란은 나라 이름을 페르시아에서 이란으로 바꾸었다. 아리아인은 '인도와 이란, 유럽에 거주하며 인도유럽계 언어를 쓰고 있는 사람들'을 가리키는 말인데, 어찌 됐든 주 이름인 '페르시아'보다 훨씬 더 광범위한 개념인 셈이다.

책 뒷부분에 나올 이야기이지만, 1935년 당시 이란 왕조였던 팔레비조의 왕은 힘없고 낡은 '페르시아'를 근대화된 멋진 나라로 바꾸고 싶어 했다. 왕은 많은 것들을 뜯어고쳤는데 급기야 나라 이름까지 바꿔버렸다. 이란은 당시 유럽의 신흥 강국 독일과 친해지고 싶어 했다. 감사하게도 이란은 독일과 큰 공통점 하나가 있었는데, 바로 둘 다 아리안계 조상을 둔 국가라는 것이다. 왕은 나라 이름으로 독일과의 공통점을 강조하며 이란이 중동의 '미개한' 나라가 아닌 독일과 같은 근대화된 국가로 변하기를 바랐다.

조금 복잡하다고? 이란과 페르시아가 같은 곳을 가리키고 있다는 점, 그리고 의외로 페르시아보다 이란이 더 광범위한 개념이라는 점만 이해하고 넘어가면 충분하다.

한 나라의 역사에서
더 중요한 역사와 덜 중요한 역사가 있을까?

엘람은 척박한 이란 땅에서 문명을 일구었고, 남성보다 여성의 힘이 셌던 여러모로 흥미로운 나라였다. 지금 이란 여인의 이미지를 생각하면, 엘람 여인의 모습은 놀랍다. 과거가 더 미래 같다고나 할까. 그러나 엘람의 기록은 턱없이 부족하고 해석되지 못한 점토판이 많아 더 많은 이야기를 알 수가 없다. 메디아의 경우도 마찬가지이다.

기록이 부족한 역사는 암흑처럼 깜깜하게 느껴진다. 하지만 기록이 없을 뿐, 당시 사람들은 우리처럼 매일매일을 살다가 이 세상에서 사라졌다. 엘람과 메디아의 이야기는 이란 역사에는 희미하게 남아 있지만, 그 후 시대에 강렬한 흔적을 남겨놓았다. 엘람인은 이란고원 문명의 선구자로서, 아케메네스조 페르시아 제국까지 그 영향을 뻗쳤다. 아케메네스조 페르시아 왕의 비문이 고대 페르시아어와 함께 엘람어로도 쓰인 걸 보면 엘람은 소왕국이 된 이후에도 이란에서 중요한 지위를 차지한 게 틀림없다. 더구나 아케메네스조 페르시아 제국, 사산조 페르시아 제국, 나중에 이슬람 제국에서까지 차용한 '속주 체제(중앙에서 속국으로 지방관을 파견하여 다스리는 체제)'는 아케메네스조 페르시아의 다리우스 왕이 처음으로 고안한 게 아니라, 바로 메디아 제국이 만든 제도였다.

한 나라의 역사에서 더 중요한 역사와 덜 중요한 역사가 있을까? 모든 순간이 쌓이고 쌓여 한 나라의 모습이 만들어진다. 잘 알려지지 않은 시기나 주목받지 못한 시기도 그 빈틈을 상상하며 꼼꼼히 들여다보자. 그리고 그 시기가 현재 그 나라에 어떤 영향을 주었을지 생각해보자. 이것은 역사를 나만의 시각으로 새롭게 써보는 방법이 될 수도 있다.

이란인은 본인들의 나라와 문화에 자부심이 크다. 거대한 제국을 한 번도 아닌 여러 번 만들었기 때문이다. 대표적인 제국이 아케메네스조 페르시아 제국이다. 아케메네스조 페르시아 제국은 동·서양이 만나는 곳, 이란에서 탄생한 거대한 제국이었다. 훌륭한 왕의 통치 아래 속국들의 문화가 뒤섞여 풍요로운 페르시아 문명이 탄생했고, 이후 파르티아 제국과 사산조 페르시아 제국을 거쳐 이란은 누구도 넘볼 수 없는 단단한 문화적 자산을 갖게 되었다.

전설의 페르시아가 탄생한 시기이자, 이란 역사상 가장 눈부신 시기가 어땠는 지 함께 살펴보자.

제2장

영광의 시절

01

아케메네스조 페르시아, 전설의 탄생!

불가리아, 터키, 아르메니아, 아제르바이잔, 시리아, 이집트, 이라크, 이란, 투르크메니스탄, 타지키스탄, 아프가니스탄, 파키스탄······.

이 나라들의 공통점은 뭘까? 아라비아 국가라는 것? 불가리아를 보니 왠지 아라비아 국가는 아닌 것 같다. 이슬람 국가라고? 그것도 아니다. 아르메니아는 크리스트교 국가이다. 그럼 도대체 뭘까? 그건 바로 먼 옛날 이 나라들의 전부 또는 일부가 한 나라였다는 점이다. 말도 안 된다고? 말도 안 되는 일이 기원전 6세기에서 기원전 5세기 사이에 일어났다. 그 나라는 바로, 전설의 아케메네스(기원전 550~기원전 330) 페르시아 제국이다.

지금으로선 상상하기 힘들지만 이 나라들은 한때 한 왕의 지배를 받았다. 동·서양이 만난 지점에서 탄생한 아케메네스조 페르시아에서는 많은 것들이 보물처럼 쏟아져 나왔다. 동·서양의 다양한 문화와 학문이 뒤섞여 세계에 퍼진 페르시아의 예술·철학·문학·종교·과학에서부터, 현대 경영학의 대가 피터 드러커가 최고의 리더로 평가한 왕, 그리고 대제국 경영비법에 이르기까지……. 이란 역사에서 가장 빛나는 시기가 바로 이때이다.

페르시아, 세계에서 가장 큰 나라가 되다

그런데 잠깐. 작은 나라에 지나지 않았던 페르시아는 메디아를 정복한 후 어떻게 대제국이 됐을까?

페르시아를 대제국으로 만든 왕은 키루스 2세, 캄비세스 2세, 다리우스 1세 등 이 세 왕이었다. 출발 주자 키루스(재위: 기원전 560~기원전 530)가 정복한 곳은 당시 부국 리디아와 아시아에서 가장 문화적으로 풍요롭던 바빌로니아였다. 키루스는 힘으로 이 두 나라를 무너뜨린 게 아니었다. 그는 훌륭한 군사 전략가였다. 리디아와의 전쟁(기원전 546) 땐 낙타를 풀어 리디아의 말들을 놀라게 했고, 바빌로니아의 전쟁(기원전 539) 땐 내부 갈등을 이용해

피 한 방울 흘리지 않고 정복에 성공했다.

배턴을 이어받은 키루스의 아들, 캄비세스 2세(재위: 기원전 530~기원전 522)가 정복한 곳은 그야말로 엄청난 곳이었다. 나일강의 젖줄로 비옥한 땅 위에 눈부신 문명을 세운 나라, 거대한 피라미드와 스핑크스, 클레오파트라의 나라. 바로 이집트였다. 이집트 정복은 키루스 왕 때부터 준비했던 터라 꼼꼼하게 준비한 페르시아군을 막을 자는 어디에도 없었다. 캄비세스 2세는 결국 거대한 제국 이집트를 손에 넣었다(기원전 525).

나일강의 문명을 일군 이집트를 손에 넣었다니! 이렇게 보면 페르시아가 운이 좋아도 너무 좋아 보이지만, 페르시아 기병(말을 타고 싸우는 병사)과 이들의 궁술(弓術)은 유명했다. 오죽하면 헤로도토스가 이렇게 말을 했을까.

"페르시아인은 오로지 세 가지 기술을 배운다. 승마와 활쏘기. 그리고 진실을 말하기."

모든 귀족은 무기 다루는 법을 익혀야 했고, 신 과일을 먹고 악천후에 대처하는 등 엄격한 훈련을 거쳐 왕의 군대가 되었다.

다리우스 1세가 거대한 제국을 다스린 비법은?

페르시아는 부국 리디아, 풍요로운 문명국 바빌로니아, 이집트를 정복하며, 나날이 부유해지고 거대해져갔다. 그러나 가장 거대한 영토를 발 아래 둔 왕은 후대 다리우스 1세(재위: 기원전 522~기원전 486)였다. 다리우스 1세는 동쪽으로는 인도, 서쪽으로는 유럽의 다뉴브강(유럽을 동쪽으로 흐르는 유럽 제2의 강)까지 페르시아의 깃발을 꽂았다. 페르시아는 그야말로 거대한 제국이 되어 있었다.

자, 여러분이 아프리카·유럽·아시아 3개 대륙에 이르는 거대한 제국을 다스리는 왕이 됐다고 생각해보자. 여러분이라면 어떤 방법으로 페르시아를 통치했을까? 당시 다리우스 1세도 여러분처럼 이 문제로 골머리를 앓았다. 그러나 그는 지혜로웠다. 그는 거대한 제국을 효과적으로 다스릴 여러 방법을 고안해냈다.

우선 그가 만든 것은 제국을 다스릴 단단한 기준, 법이었다. 그러나 제국을 손안에 쥐고 다스리려면 법을 만드는 것으로는 부족했다. 그는 거대한 제국을 20개의 주(사트라피)로 나누고 중앙에서 주지사(사트라프)를 파견해 다스리게 했다. 페르시아식 지방자치제를 만든 셈이다. 이렇게 보내놓고 끝? 그럴 리가 없다. 다리우스 1세는 불시에 '왕의 눈과 귀'라고 불린 감찰관을 급파해 궁에 앉아서도 지방의 사정을 훤히 들여다볼 수 있었다.

그런데 지방관과 감찰관을 보내면 뭘 하나? 제국이 워낙 커

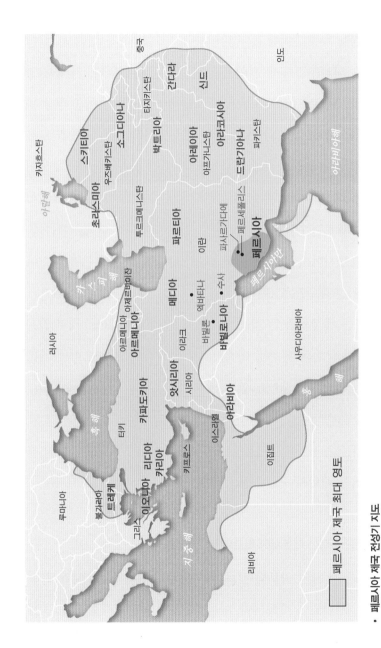

• 페르시아 제국 전성기 지도

다리우스 1세 통치 시기, 아케메네스조 페르시아는 최고 전성기를 누렸다. 그리하여 동쪽으로는 인도, 서쪽으로는 유럽의 다뉴브강까지 영토를 넓혔다.

페르시아 제국 최대 영토

서 소식을 주고받기에도, 스파이를 보내기도 여간 어려운 게 아니었다. 다리우스 1세는 이 사실을 잘 알고 있었다. 거대한 영토는 보기엔 번지르르하지만, 내부가 잘 통하지 않으면 금방 무너진다는 것을. 그래서 그는 제국 곳곳이 혈액순환이 잘 되도록 2,703킬로미터에 이르는 일명 '왕의 도로'를 만들었다. 더불어 일정한 간격마다 말 휴게소를 만들어 스파이들은 제국의 끝에서 끝으로 빠르면 1주일 만에 왕복할 수 있었다. 말 휴게소에는 튼튼한 페르시아의 말들이 항상 대기 중이었고 도로 주위엔 쉬어 갈 수 있는 여관도 있었다.

도로는 제국의 모든 것들을 흐르게 했다. 다리우스 1세가 만든 페르시아 금화와 은화도 이 길을 따라 흘렀고 언어도 함께 흘러갔다. bazzar(시장), sugar(설탕), shawl(숄), tiara(보석이 달린 작은 왕관), orange(오렌지), lemon(레몬), peach(복숭아), pistachio(피스타치오), spinach(시금치). 익숙한 이 영어 단어들은 바로 이때 유럽까지 흘러 들어간 페르시아 말에서 유래된 것이다.

적국도 존경한 페르시아 최고의 왕, 키루스

다리우스 왕이 이토록 페르시아 제국을 위해 물심양면으로 애썼건만, 이란인이 페르시아, 아니 이란 역사에서 가장 최고로 꼽는 왕은 다리우스 1세가 아니다. 그는 바로 키루스이다. 앞에서 말한 경영학의 대가 피터 드러커가 최고의 리더로 꼽은 왕도 바로 키루스이다.

이란인은 왜 그를 제일 존경하며, 피터 드러커는 왜 그를 훌륭한 리더로 보는 걸까? 그 비밀은 영국박물관에 전시돼 있는 한 원기둥 돌에 새겨져 있다. 길이 23센티미터, 지름 10센티미터의 이 원기둥 돌 이름은 키루스 실린더, 세계 최초의 인권선언문으로 평가받는 돌이다. 이 돌기둥 위엔 도대체 뭐라고 새겨져 있을까? 잠깐만 살펴보자.

모든 세상의 왕인 나 키루스는 위대하고 강력한 바빌론과 수메르와 아카드와 세상 모든 지경의 왕이다. ……나의 군대는 평화적으로 바빌론으로 행진했고, 수메르와 아카드의 모든 백성은 아무것도 두려워할 것이 없었다. ……모든 수메르와 아카드의 신들도 아무 탈 없이 고향으로 돌아가게 만들었다. 이들은 고향의 신전으로 돌아가 기쁨을 누렸다.

이제 그 비밀을 대충 눈치챘을 것이다. 그는 보기 드문 너그러운 왕이었다. 점령지 백성들을 힘으로 통치하는 대신 그들의 문

• 키루스 실린더

키루스 2세의 통치 이념이 담겨 있는 길이 23센티미터, 지름 10센티미터의 원기둥 형태의 돌로 '세계 최초의 인권선언문'으로 불린다.

화를 존중했다. 낙후된 점령지는 개발해주기까지 했다. 말도 안된다고? 감동의 스토리는 이게 끝이 아니다. 키루스는 바빌로니아 정복 후 전쟁으로 이곳에 끌려와 살고 있던 유대인을 고향으로 보내주었고 수도 예루살렘의 성을 복구하도록 돈을 대주기까지 했다. 이 내용은 『성경』에도 기록이 됐다.

어떻게 한 제국의 왕이 이렇게 너그러울 수 있을까? 키루스 왕이 도대체 어떻게 이런 왕이 됐는지 지금 우리처럼 너무 궁금해한 한 사람이 있었다. 그는 바로 그리스의 크세노폰(기원전 430~기원전 354)이라는 사상가. 소크라테스의 애제자였던 그는 적국의 왕이지만 키루스 왕의 매력에 흠뻑 빠져 그가 어떻게 자랐고 훌륭한 지배자가 되었는지 조사해 책을 썼다. 이렇게 그가 쓴 책이 바로 『키로파에디아(cyropaedia: 키루스 교육)』이다. 이 책은 2,000년이 넘는 시간 동안 리더십 분야의 스테디셀러가 되었다. 갑자기 키루스 왕이 궁금해진다고? 시간이 되면 한번 읽어보길 바란다.

캄비세스, 미스터리하게 죽은 페르시아판 사도세자

정복 왕 삼총사 중 두 명에 대해 얘기했으니, 이제 남은 한 명 캄비세스에 대해서 알아보자. 그는 어떤 왕이었을까?

전해지는 얘기에 따르면 그는 처음엔 아버지 키루스처럼 너그러운 왕이었지만, 이집트 정복 후 달라졌다고 한다. 술 따르는 자를 사격연습 삼아 활로 쏴 죽이질 않나, 귀족 열두 명을 땅에 생매장하질 않나, 이상할 정도로 잔혹해져갔다. 캄비세스는 이집트를 정복한 후 기세를 몰아 북아프리카를 정복할 생각이었다. 그러나 그의 활약은 거기까지. 아프리카 정복은 실패로 끝나고 말았다. 더구나 그는 아프리카 원정 실패 이후 얼마 안 가 사망하고 말았다.

그런데 그의 죽음에 대해 온갖 추측이 난무한다. 우울증(홧병)으로 죽었다는 얘기도 있고 자살했다는 얘기도 있다. 헤로도토스에 따르면, 그가 말에 오르다 칼이 허벅지에 찔린 후 어이없이 합병증으로 죽었다고 책에 썼다. 어떤 게 진실일까?

캄비세스를 보면 조선 역사의 풍운아 사도세자가 떠오른다. 아버지 영조에 대한 애정결핍, 아버지의 엄격함에 대한 스트레스로 온갖 기행을 저지르다 결국 뒤주에 갇혀 죽은 사도세자. 사도세자를 떠올리면 캄비세스의 죽음이 얼핏 이해가 가기도 한다. 정확한 사실을 알 길은 없지만 그는 너무나 훌륭한 왕이자 아버지인 키루스 밑에서 과도한 스트레스를 받았던 게 아닐까? 키루스의 아들이었으니 기대도 한 몸에 받았을 테고, 키루스도 그를 훌륭한 왕으로 키우려 물심양면으로 노력했을 것이다. 그러나 그만큼 아버지에게 느끼는 열등감도 스트레스도 컸을 터. 여러분이 캄비세스였더라도 힘들지 않았을까?

키루스 왕의 화려한 이야기 뒤엔 비운의 왕 캄비세스의 비극적인 죽음이 그림자처럼 드리워져 있다. 아무리 너그럽고 훌륭한 왕이었던 키루스 왕도 모든 사람을 행복하게 해주진 못한 셈이다.

전설의 궁전 단지, 페르세폴리스

자, 분위기를 바꿔서 이 세 명의 왕을 포함해 페르시아 왕이 살았던 페르시아 궁전 풍경을 구경해보자. 역사에서 재밌는 부분 중의 하나가 바로 화려한 궁전 이야기이니까.

키루스 왕과 다리우스 왕은 명성에 걸맞게 각각 이란 남부 시라즈시 인근 파사르가다에(pasargadae)와 이란 서부 슈시에 자신의 궁을 갖고 있었다. 그러나 뭐니 뭐니 해도 가장 전설적인 궁전은 다리우스 시기 시라즈 인근에 짓기 시작한 도시 '페르세폴리스'였다. 페르세폴리스의 왕궁복합단지는, 페르시아를 보여주는 건축물 그 자체였다.

페르세폴리스는 다리우스 1세 때 짓기 시작한 이후 크세르크세스 1세와 아르타크세르크세스 1세 시기를 거치며 거대해졌다. 수많은 속국에서 최고급 건축자재가 동원됐고 각지의 잘나가는 건축가와 예술가가 모여 궁전을 만들었다. 궁은 당시 페르시아가 정복한 아시리아·이오니아·이집트·바빌로니아 양식이 조화롭게 섞여 있었다. 내부는 순금을 비롯해 값비싼 가구, 그릇, 카펫으로 꾸며졌다.

해마다 춘분에 이곳엔 큰 행사가 열렸는데 그 풍경은 가히 장관이었다. 황금 팔찌와 그릇을 든 리디아인, 사자를 안은 엘람인,

모직물을 든 스키타이인, 소를 끄는 바빌로니아인, 향신료를 안고 있는 인도인, 상아를 든 에티오피아인……. 20여 개 지방 사신들이 왕을 알현하려 공물을 들고 모여들었다. 페르세폴리스는 지금의 뉴욕 같은 곳이었다. 각지에서 온 사람들로 붐비고, 그들이 퍼뜨리는 다양한 문화와 그 문화가 결합된 문화가 실시간으로 만들어지는 도시. 페르세폴리스, 그리고 페르시아는 하나의 세계였다.

그리스의 문학작품에 묘사된 궁전의 모습은 전설적이다. 1만 5,000명에 달하는 왕의 손님, 이들을 위해 매일 제공하던 수천 마리의 동물 고기와 엄청난 양의 술, 음식이 담긴 아름다운 그릇과 화려한 궁전, 그리고 신비스러운 왕의 모습까지. 왕은 궁 안에서 화려한 옷을 입은 채 발판 위에 발을 올리고 왕좌에 앉아 있었고 이런 왕 앞에 설 수 있는 사람은 극소수였다. 왜 발판에 발을 올리고 앉아 있었냐고? 왕의 발은 신성해서 더럽혀지면 안 되니까! 왕이 주최한 만찬 때에도 왕의 차림은 남달랐다. 왕은 자신은 손님을 볼 수 있지만 손님은 자신들을 못 보게 얇은 휘장을 내린 채 앉아서 식사를 했다고.

푸른 청금석을 박아 넣은 금팔찌, 청색 에나멜로 장식한 금 귀걸이, 순금으로 만든 사자 모양의 뿔잔……. 궁전에서 쓰였을 페

　　　　　　　　　　　제2장 영광의 시절

- **페르세폴리스(위)와 페르세폴리스의 부조(아래)**

  아케메네스조 페르시아의 거대한 유적 페르세폴리스 모습(위). 건물 일부엔 다양한 지방 사신들의 예방(禮訪) 풍경이 조각돼 있어 당시 풍요로운 제국의 분위기를 짐작하게 한다.

르시아의 유물들은 전 세계 박물관에서 빛나며 그때의 페르시아를 상상하게 만든다. 지금도 그대로 재현하기 힘들 만큼, 남아 있는 유물의 세밀함과 섬세함이 놀라울 정도이다. 입을 커다랗게 벌린 동물 모양의 칼자루, 염소 머리 모양의 칼코등이(칼자루와 칼 사이에 감은 테) 등 페르시아 군인의 무기도 평범하진 않았다. 왕족만이 아닌 귀족도 화려한 저택에서 이런 물건들을 쓰며 풍요롭게 살았다고 하니, 페르시아의 왕들은 얼마나 화려하게 살았을까. 타임머신을 타고 돌아가보고 싶을 정도로 궁금할 뿐이다.

02

아케메네스조 페르시아가 남긴 유산

다리우스 1세 곁에는 '죽지 않는 부대'라고 불리던 1만 명의 부대가 있었다. 다리우스는 통치에 공을 들인 만큼 본인의 안위에 대해서도 걱정이 많았을 것이다. 왜 그랬을까? 그는 귀족 출신의 왕이었다. 캄비세스에겐 아들이 없었다. 즉 그는 왕족이 아닌 귀족으로서 다른 귀족을 물리치고 왕이 됐고, 왕이 된 후에도 수많은 반란을 진압한 터라 늘 신변에 두려움을 느끼고 있었다.

왕의 부대는 최정예 부대였다. 왕의 군인들 중에서도 뛰어난 군인만이 부대의 일원이 됐고 이들은 엄격한 훈련을 받았다. 이들이 죽지 않는 부대로 불린 건, 정말 한 명도 죽지 않아서가 아니라 한 사람이라도 죽으면, 그 즉시 인원을 보충해 늘 1만 명을 유지했기 때문이다. 이런 초강력 군대가 궁과 자신을 보호하고 있었지만, 다리우스는 불안했다. 다리우스 왕도 서서히 느끼고 있었다. 거대한 제국이 불멸할 수는 없다는 것을. 다리우스를 정점으로, 제국은 서서히 흔들리고 있었다.

영화 〈300〉과 그리스-페르시아 전쟁

"후손들은 영원히 기억할 것이다. 단 300명의 군사가 100만 대군과 싸웠음을!" 영화 〈300〉은 스파르타와 페르시아 군대가 싸운 '테르모필레 전투'(기원전 480)를 배경으로 한 영화이다. 개봉 당시 빠른 전개와 화려한 영상미로 찬사를 받았지만, 반면 페르시아를 악마처럼 왜곡해서 묘사했다는 비판도 동시에 받았다.

다리우스가 거대한 제국을 거느리고 있을 당시 서쪽에선 그리스도 잘나가고 있었다. 한데 페르시아가 자신들의 식민지를 야금야금 점령해가자 그리스는 결국 페르시아와 전쟁을 일으켰다. 페르시아와 그리스는 모두 세 번 큰 싸움을 벌였다.

첫 번째 전쟁은 페르시아의 참패였다. 폭풍을 만난 페르시아 군함 300여 척은 싸움도 못 하고 바다 속으로 꼬르륵 가라앉아 버렸다(기원전 492).

두 번째로 페르시아가 전투를 치른 곳은 마라톤 평원. 당시 페르시아군의 숫자는 그리스군의 두 배였다. 그렇다면 이번엔 페르시아군의 승리였을까? 아니, 그리스의 승리였다(기원전 450). 싸움에 능한 병사들을 양날에 배치한 그리스의 '양 날개 작전'이 먹혀들어간 것이다. 전쟁이 끝난 후 그리스군 병사는 승전 소식을 고국으로 전달하기 위해 쉬지 않고 아테네를 향해 뛰어갔다. 그런데 얼마나 열심히 뛰어갔던지 그는 "우리가 승리했다"는 말 한마디를 남기고 숨을 거뒀다. 이럴 수가! 올림픽 종목인 마라톤 경기가 여기서 유래했다. 이란은 마라톤 경기에 출전하기 찝찝하겠다고? 그럴 것 없이 이란은 마라톤 경기에 절대 출전하지 않는다. 다리우스는 결국 그리스를 정복하지 못하고 세상을 떠났다. 그의 죽음과 함께 동서로 뻗어나가던 페르시아의 국경선이 멈춰 섰다.

영화 〈300〉에 나오는 테르모필레 전투는 다리우스 사후, 그의 아들 크세르크세스 1세가 벌인 전투다. 그리스의 도시국가 중 하나인 스파르타 군인 300명은 페르시아 군인들을 좁은 골짜기 테르모필레로 유인했다. 그러고는 그곳에서 그리스로 향하는 페르시아군의 진격을 늦추기 위해 죽을 힘을 다해 싸웠다. 스파르타의 희생에도 결국 페르시아군은 아테네로 진격했지만 제국에서 반란이 일어나는 바람에 고국으로 철수하고 말았다. 같은 시간 그리스 바다에서 그리스 해군은 페르시아 함대를 살라미스라는 좁은 수로로 유인해 함대의 옆구리를 공격했다. 마침 폭풍우까지 거세게 휘몰아쳤고 페르시아 함대의 절반이 바닷속으로 가라앉았다. 육지에서든 바다에서든 결론적으로는 페르시아의 패배였다.

크세르크세스 1세는 이후 여러 번의 전투(플라테이아 전투[기원전 479], 미칼레 전투[기원전 479])에서 그리스에 패해 정복사업에 대한 흥미를 잃고, 쇠약한 몸으로 궁 안에만 머물렀다. 그는 페르세폴리스에 궁을 지으며 호화롭고 향락적인 생활에 몰두하다 비극적인 말년을 보낸다. 궁중 암투에 연루되어 큰아들과 함께 살해당했기 때문이다. 이것이 영화 〈300〉에서 악마처럼 묘사된 페르시아의 왕, 크세르크세스 1세의 최후였다(기원전 465).

헤로도토스가 『역사』를 무사히 집필할 수 있었던 이유

우리가 그리스-페르시아 전쟁을 이렇게 자세하게 알 수 있는 건, 그리스의 역사가 헤로도토스의 책 『역사』 덕분이다. 그는 『역사』란 책을 책상에 앉아서 머리를 쥐어뜯으며 쓴 게 아니었다. 그는 양심 있는 학자였다. 그는 직접 페르시아를 답사해서 책을 썼다.

적국 그리스의 역사가 헤로도토스는 어떻게 페르시아 땅을 밟을 수 있었을까? 크세르크세스 1세 이후 왕이 된 아들 아르타크세르크세스 1세(재위: 기원전 465~기원전 424)는 전쟁에 진절머리가 났는지, 조용하게 제국을 통치했다. 페르시아의 해가 가라앉기 전, 마지막 낮 같은 시기였던 셈이다. 이때만큼은 페르시아와 그리스가 평화협정을 맺을 만큼 사이가 좋았다. 그리스 의사가 왕의 주치의가 되기도 했고 그리스 과학자가 페르시아 궁정에 초대되어 기술을 전파하기도 했다. 운 좋은 역사가 헤로도토스는 이때 페르시아를 여행했고 열심히 자료를 수집해 페르시아에 대한 다양한 이야기들을 후세에 남길 수 있었다.

페르시아는 점점 저물어갔다. 아르타크세르크세스 1세가 죽은 후, 왕실 안은 혼란스러웠다. 어떤 왕은 45일 만에 이복동생에게 암살됐고, 어떤 왕은 고작 20년간 왕위에 머물렀다. 페르시아는 저물어갔지만 왕족들은 나라에 대한 걱정은커녕 하렘 생활에 탐닉했다. 왕은 지푸라기라도 잡는 심정으로 태양의 신 미트라, 물의 여신 아나히타 등 다양한 신에게 열심히 제사를 드렸지만 상황은 더 나빠지고 있었다.

이때 페르시아를 향해 전진하고 있는 젊은 장군이 있었으니,

그는 바로 알렉산드로스(재위: 기원전 336~기원전 323)였다. 페르시아
는 결국 알렉산드로스에 의해 무너졌고, 화려한 페르세폴리스는
불타버렸다. 당시 왕 다리우스 3세(재위: 기원전 336~기원전 330)는 아
케메네스조 페르시아의 마지막 왕으로 역사에 남았다. 페르시아
는 알렉산드로스의 제국이 되어버렸다.

아케메네스조 페르시아가 남긴 유산

만약 여러분이 페르시아 제국처럼 한때 세계를 지배했던 나라
의 후손이라면, 기분이 어떨까? 엄청 자랑스럽고 뿌듯하며 나도
모르게 괜히 우쭐해질 것이다. 이란 사람들은 자기 나라와 문화
에 대한 자부심이 높기로 유명한데, 페르시아 제국 당시를 들여
다보면 좀 이해가 가기도 한다.

200년 동안 한 나라가 이토록 거대한 땅을 통치했다는 사실은
경이롭다. 아무리 다리우스가 훌륭한 통치법으로 나라를 다스렸
다고 해도, 아무리 페르시아 군대가 강하다 해도 이 점은 놀랍다.
땅이 워낙 컸어야 말이지……. 페르시아 제국이 가능했던 건 뭐
니 해도 수많은 속국민이 페르시아의 왕을 자신들의 왕 위의 왕,
즉 '왕 중 왕'으로 인정해주었기에 가능했다. 어떻게 그게 가능했
던 걸까?

열심히 페르시아를 공부한 헤로도토스의 말을 잠깐 들어보자.

"페르시아인처럼 외국의 관습을 기꺼이 받아들이는 민족은 달리 찾아보기 힘들다. 예컨대 그들은 메디아의 옷이 자신들의 옷보다 더 아름답다고 여기고 입고 다니며, 전장에는 아이귑토스(이집트)의 흉갑을 입고 나간다."

-헤로도토스, 『역사』

속국민의 삶은 페르시아의 지배 후에도 별로 달라진 게 없었다. 어떤 속국민은 페르시아의 국민이 된 걸 자랑스럽게 여기기까지 했다고. 비록 나중에 변해가긴 했지만 페르시아는 다양한 속국의 인종·언어·종교·관습을 넓은 품으로 받아들였다. 이런 페르시아의 품에서 다양한 문화는 끊임없이 섞이고 새롭게 만들어져 페르시아 문화라는 이름 아래 널리 퍼졌다. 이 시대의 뉴욕 같은 나라가 바로 페르시아였던 셈이다. 오, 꽤 멋지다!

03

이란 역사의 중요한 연결고리, 파르티아

석굴암을 모르는 사람은 없겠지? 신라 시대에 돌로 만든 동굴 암자, 석굴암. 이 석굴암 안에 있는 불상, 일명 석굴암 본존불은 우리나라 사람이라면 한 번쯤은 본 적이 있을 것이다. 가늘게 치켜뜬 눈, 도톰한 입술, 긴 귀의 인자해 보이는 얼굴과 거대한 몸. 왜 갑자기 이란 역사 얘기를 하다 불상 얘기냐고? 이 불상이 페르시아를 멸망시킨 알렉산드로스의 흔적으로 여겨지기 때문이다.

알렉산드로스는 페르시아를 멸망시킨 뒤 무서운 속도로 동쪽 인도까지 정복해 알렉산드로스 제국을 만들었다. 그는 제국 곳곳에 자신의 이름을 딴 '알렉산드리아'라는 도시를 70여 개나 짓고 그리스 문화를 퍼뜨렸는데, 그리스 문화는 점령지였던 페르시아, 인도의 문화와 섞여 새로운 문화를 탄생시켰다. 이렇게 만들어진 문화를 '헬레니즘' 문화라고 한다(헬레니즘이라는 용어가 어렵게 느껴지지만, 그리스인이 본인들의 시조라고 생각하는 그리스 신화의 인물 '헬렌'에서 유래한 것으로 '그리스와 같은 문화'라는 뜻으로 보면 된다). 헬레니즘 문화 중 그리스 문화와 인도 불교문화가 섞여 만들어진 문화가 '간다라 미술'인데, 바로 석굴암 본존불 같은 '불상'이 간다라 미술의 대표 작품이다. 그전까지 인도에서는 불상을 만들지 않았다. 그런데 조각 기술로 유명한 그리스 문화의 영향으로 이때부터 불상을 만들기 시작한다.

알렉산드로스는 페르시아를 점령한 후 페르시아 문화를 손끝하나 건드리지 않았다. 그는 키루스 왕을 존경했고 페르시아 문화는 그에게 경이로운 문화였기 때문이다.

그는 페르시아의 마지막 왕 다리우스 3세의 딸과 결혼했고, 자신에 이어 수천 명의 그리스 군인을 이란 여자들과 강제 결혼시켰다. 그는 페르시아를 여러모로 모방했다. 페르시아 궁전에 영감을 받아 궁을 지었고, 페르시아 궁정 예절을 도입했다. 페르시아를 살찌게 했던 교통망을 모방했고 페르시아처럼 교역 확장에

힘썼다.

물론 그리스만 페르시아에게서 영향을 받은 건 아니다. 페르시아도 그리스의 영향을 받았다. 이란 가문의 자제는 그리스 선생들에게 교육을 받았고 알렉산드로스에 이어 이란을 지배한 그리스계 왕조 셀루코우스 왕조(기원전 312~기원전 63) 때에도 이란인이 그리스 영웅 헤라클레스를 믿거나 그리스인이 술의 신 디오니소스가 이란 도시 케르만샤에서 태어났다고 하며 디오니소스 숭배를 장려하는 등 그리스의 영향은 계속됐다. 셀루코우스는 그가 세운 도시에 아예 그리스인을 이주시켜 그리스 문화를 퍼뜨리고자 노력했다.

이렇게 영영 그리스 문화의 지배 아래 살아가나 했는데, 구세주가 나타났다. 그들은 바로 파르티아족이었다. 이란계 유목민족 파르티아족은 셀루코우스 왕조가 이집트 쪽 국경에 신경 쓰느라 혈안이 돼 있는 틈을 타 몸집을 키워 결국 이란을 차지했다. 이란으로선 천만다행인 순간이었다.

파르티안 샷의 어원이 파르티아에서?

영화를 보다보면 간혹 멋있는 주인공이 말을 타고 달리다 몸을 뒤로 돌려 활을 쏘는 장면이 나올 때가 있다. 이 행동을 '파르티안 샷'이라고 하는데, 이 파르티안 샷의 이름은 바로 파르티아 족에서 유래했다. 이들은 유목민족 출신답게 말타기의 달인이었다. 그러나 파르티아 제국(기원전 247~기원후 224)은 이 '파르티안 샷'만 후세에 남겨놓고 기록은 별로 남겨놓지 않았다. 자신들의 업적을 열심히 돌 위에 새긴 아케메네스조 페르시아와 달리 이들은 본인들의 역사를 기록하는 데 관심이 없었다. 엎친 데 덮친 격으로 그나마 남았던 기록 조차 이후 등장한 사산조 페르시아가 다 없애버리고 말았다.

상황이 이런 터라 파르티아는 이란 역사상 가장 긴 500년 동안 왕조를 유지했지만, 페르시아 제국의 휘광에 가려 별로 주목받지 못했다. 그러나 파르티아가 없었다면 이란은 그리스화된 후 어찌 됐을지 모를 일. 파르티아는 그리스의 영향권 아래서 페르시아를 구해준 은인이었다.

파르티아는 건설자 아슈크 왕(재위: 기원전 247~기원전 211) 이후 메흐르더드 1세(재위: 기원전 167~132), 메흐르더드 2세(재위: 기원전 121~기원전 91)를 거치며 몸집이 커졌다. 메흐르더드 2세 때 제국은 동쪽으로 중국, 서쪽으로 로마 제국에까지 이르렀다. 잠깐이나마 아케메네스조 페르시아의 영토를 거의 회복했을 정도이다.

포도, 석류, 안씨(安氏): 생각보다 가까운 파르티아의 흔적 1

파르티아는 영토만 아케메네스조 페르시아와 비슷해진 게 아니라 나라 분위기 자체도 비슷했다. 다른 문화를 존중하는 분위기로 파르티아인을 비롯해 유대인, 그리스인 등 다양한 민족과 언어, 종교가 범람했다. 더불어 옛 페르시아처럼 대규모로 도로를 건설해 이란고원의 무역이 활발해졌다. 중국과 로마의 물자가 이란으로 흘러들어왔고 유럽으로, 아시아로 흘러갔다. 상인들이 만들고 다진 길들은 이후 '실크로드'라는 이름이 되어 전 세계에 알려졌다.

이란이 중국과 첫 외교접촉을 한 게 바로 이 시기였다. 당시 중국의 한 무제는 흉노족에 너무 시달렸던 터라 파르티아의 기병대 전술에 관심이 많았다. 기병대의 비법을 훔칠 겸 든든한 제3국의 지원을 얻을 겸 그는 파르티아에 사신을 파견했다. 한 무제는 이후 또 한 번 파르티아 인근으로 사신을 보내는데, 이때 파견된 사신 장건이란 사람은 귀국길에 그때까지 본 적 없는 신기한 과일을 들고 왔다. 바로 포도와 석류였다. 당시 중국은 파르티아를 안식국 혹은 안석국이라 불렀는데, 석류 이름도 안석국의 석류, 즉 안석류로 부르다가 안자가 떨어져나가 석류라는 이름이 되었다. 그도 그럴 것이 페르시아, 즉 이란산 석류는 품질이 좋기로 유명하다.

이 시기 이란은 중국에 포도를 포함해 사프란·재스민·자주개자리·양파를 소개했고, 중국은 이란에 복숭아·살구·양잠 등을 전해주었다. 복숭아 살구나무는 중국에서 이란으로 건너와 유럽으로 들어갔다. 우리가 여름에 달콤한 포도를, 가을에 새콤한 석류를 먹게 된 건 다 파르티아 덕분인 셈이다(포도와 석류 모두 고려 시대에 중국에서 전해진 것으로 알려졌다).

덧붙여 흥미로운 얘기 하나. 성씨 중 안(安)씨의 뿌리가 이 파르티아 사람이라고 한다. 갑자기 안씨 성을 가진 친구들이 다르게 보인다고? 실크로드를 따라 중국에 건너온 파르티아 사람들, 즉 안식국 사람들은 오랫동안 안씨 성을 사용했고 이 성을 쓴 사람들이 한국까지 건너왔다고 한다. 믿기지 않지만 우리 주변에 파르티아의 후손이 살고 있는 셈이다.

알라딘 궁전과 타지마할: 생각보다 가까운 파르티아의 흔적 2

안씨 친구들을 생각할 필요 없이, 우리는 어렸을 때부터 파르티아인들의 작품을 줄곧 보며 자랐다. 알라딘에 나오는 궁전을 기억할까? 자스민 공주가 사는 둥근 돔의 황토색 궁전 말이다. 이 궁전 중간엔 아치형 문이 있는데, 이 아치형 문은 아라비아 궁전 하면 우리가 흔히 떠올리는 건축 구조이다. 이 아치형 문을 '이완'이라고 하는데, 이 이완을 만든 사람들이 바로 파르티아인이다. 아치형으로 뚫린 방, 홀을 뜻하는 이완은 이란고원, 중앙아시아, 인도의 궁전과 사원에서 흔히 볼 수 있다. 인도의 타지마할 궁전에서 본 적 있다고? 맞다. 이들은 누가 유목민 출신이 아니랄까봐, 자신들이 살던 텐트에서 착안해 이완을 만들었다.

이완처럼 파르티아 문화는 유목 문화의 흔적이 많이 묻어 있었다. 종교도 그랬다. 당시엔 조로아스터교를 가장 많이 믿었지만, 조로아스터교 성직자들이 불안했을 정도로 별의별 종교가

• 옛 파르티아 도시 하트라의 신전 건물
현재 이라크에 있는 옛 파르티아 도시 하트라엔 이완 양식을 써서 지은 신전 건물이 남아 있다.

제2장 영광의 시절

고루고루 유행했다. 물의 여신 아나히타, 태양신을 믿는 고대 이란 종교 미트라교, 유대교, 크리스트교, 불교……. 한데 이런 가운데에서도 일부 파르티아인은 자연물을 믿거나 동물을 제물로 바쳤고, 유독 동물 모양의 모티프로 조각한 상아와 보석을 좋아했다고 전한다. 이는 영락없는 유목문화의 영향이었다. 속된 말로 출신은 못 속였던 셈이다.

파르티아의 동전은 알고 있다?

문화란 시대의 영향을 피해 갈 수가 없는 법. 파르티아는 그리스계 왕조로부터 이란을 구원해주었지만 초기엔 그리스의 흔적이 진하게 묻어 있었다. 초기 파르티아 동전에 그리스문자가 선명히 새겨져 있는 것만 봐도 그렇다. 로마 문화의 영향도 보인다. 궁전 벽면을 스투코 기법(석고 가루를 개어 천장, 벽면, 기둥에 발라 그 위에 색을 칠하거나, 조각을 하거나 모양을 붙이는 등 궁전을 호화롭게 만드는 기법)으로 장식하기도 했고 다채로운 색깔의 프레스코화 벽화(축축한 회반죽 벽에 그린 벽화)를 그리기도 했다. 학자들은 초기 파르티아의 동전에 셀루코우스 왕조 때처럼 왕의 옆얼굴을 새겨놓은 것도 그리스 스타일로 보는데, 나중엔 왕의 얼굴 정면을 묘사하는 그들만의 '파르티아식' 동전이 등장했다.

왕의 측면 얼굴을 묘사한 것과 왕의 정면 얼굴을 묘사한 것이
어떤 정치적 차이를 가져오는지는 모르겠지만, 학자들은 이 변
화를 파르티아가 그리스 문화에서 벗어나 그들만의 문화를 만든
중요한 흔적으로 보고 있다. 동전 속 왕의 옆 얼굴이 정면으로 돌
아올 때까지, 파르티아인은 부단히 그들의 문화를 만들려 노력
했겠지? 부리부리한 눈, 구불구불한 머리카락, 두툼한 손, 떡 벌
어진 어깨와 단단한 다리……. 그도 그럴 것이 현재 남아 있는
꽤 사실적인 파르티아 석상들에선 그들만의 자존심과 강인함,
근엄함이 느껴진다. 남아 있는 파르티아의 예술품들이 죄다 말
을 탄 전사 모습, 사냥 모습, 전투 모습이라는 점이 아쉽지만 기

- **그리스의 영향을 보여주는 파르티아 은화**
  한쪽 면은 왕의 옆얼굴 초상이, 한쪽 면엔 "오 위대한 아르사크 왕이여!"라는 그리스어가 새겨져 있다.

제2장 영광의 시절

병대·말·전쟁은 파르티아인의 중요한 특징이기도 했다.

이들은 기록을 남기지 않았지만, 훨씬 어려운 기술을 만들어 후세에 남겼다. 바로 긴 시를 입으로 낭송해 전하는 '구두 서사 시' 기술을 만들어 전파한 것이다. 이란에 가면 전통 찻집에서 서사시를 맛깔나게 낭송해주는 이야기꾼을 만날 수 있는데, 시 암송 문화는 바로 이때부터 싹튼 셈이다. 시 한 편 외우는 게 얼마나 어려운지 생각해보면, 파르티아인은 참 대단했다. 이때 뿌려진 암송 문화의 씨앗은 사산 왕조 들어 무럭무럭 발전해 현재 이란 서사시 문화의 틀을 만들었다.

500년간의 철벽 방어, 우연치 않게 페르시아 문화를 보존하다!

파르티아의 천적은 로마였다. 양국이 계속 부딪힌 건 크리스트교를 믿은 파르티아의 속국 '아르메니아' 때문이었다. 로마는 이 '튀는' 지역을 '크리스트교'라는 공통분모로 유혹해 늘 파르티아와 싸움을 일으켰다. 그러나 결국 200년의 공격에도 로마는 파르티아를 정복하지 못했다. 파르티아 동쪽의 적 쿠샨 왕조도 상황은 마찬가지였다. 파르티아를 정복한 건 다름 아닌 파르티아의 지방 영주였다. 제국 말기, 파르티아는 지방 영주에게 휘둘릴 정도로 쇠약해져 있었다.

결과적으로 파르티아는 약 500년 동안 동서의 적으로부터 이란을 보호했고 의도치 않게 이란 문명의 수호자가 되었다.

　　파르티아의 철벽 방어로 페르시아 문화는 보존·부활했고, 동시에 '이완' '서사시 암송 문화' 같은 고유한 이란 문화도 무럭무럭 자라났다. 단단한 파르티아의 방패 안에서 보존된 페르시아 문화는 이후 등장한 사산조 페르시아로 이어져 나중에 얘기하겠지만 이후 이슬람 문명의 중요한 밑거름이 된다. 그래서 혹자는 파르티아를 두 페르시아의 단단한 '연결고리'로 본다. 파르티아가 없었다면? 단언컨대 이란 역사는 많이 달라졌을 것이다.

04

강력한 제국 중의 제국, 사산조 페르시아

이란 역사에서 '페르시아 제국'은 몇 번 있었을까? 아까 얘기한 아케메네스조 페르시아가 다 아니냐고? 그렇다면 너무 허무하다. 페르시아 제국 그러니까 '페르시아'라는 이름을 가진, 여러 속국을 거느린 '제국'은 우리가 들여다본 아케메네스조 페르시아, 그리고 지금 얘기할 사산조 페르시아, 그리고 이후 16세기에 등장한 사파비 페르시아, 이렇게 세 왕조가 대표적이다(이 밖에도 나중에 등장한 아프샤르 왕조, 카자르 왕조하의 이란을 페르시아 제국으로 보기도 한다).

파르티아를 무너뜨린 사산 가문의 지방 영주 아르다시르는 아

니나 다를까, 전설적인 아케메네스조 페르시아를 무척 닮고 싶어
했다. 그는 예전 페르시아 제국의 넓은 영토를 동경해 파르스 지
방을 필두로 영토를 동서남북으로 조금씩 넓혀나갔고, 결국 파르
티아의 마지막 왕을 누르고 사산조 페르시아를 탄생시켰다(226).
아케메네스 제국 이후, 빛을 잃었던 파르스 지역도 다시 이란 역
사의 무대의 중심에 등장했다.

샤(왕)! 샤(왕)! 샤(왕)!

"만약 언젠가 제국이 나의 수중에 온다면 나는 모든 땅에서 파르
    티아의 흔적을 지울 것이다."

— 압돌 호세인 자린쿠·루즈베 자린쿠,『페르시아 사산제국 정치사』

사산조 페르시아의 탄생은 사실 아르다시르의 할아버지 사산
도 벼르고 있던 일이었다. 할아버지 사산은 이렇게 포부 있게 말
했지만, 그 일을 이룬 것은 손자 아르다시르 1세(재위: 226~241)였
다. 아르다시르는 새로운 나라를 만든 후, 할아버지가 말한 것처
럼 파르티아의 흔적을 지우려 노력했다. 그는 파르티아가 나라
를 다스렸던 방식이 영 마음에 들지 않았다. 속국민들을 일정한
제한 안에서 자유롭게 풀어놓는 방식은 예전 아케메네스조 페르

시아처럼 다양한 문화가 꽃피고 이 문화가 섞인 독특한 문화를 탄생하게 하는 장점도 있었지만, 제국이 무너지는 원인이기도 했기 때문이다.

자유의 시대는 가고 사산 왕조가 이란 역사에 새로운 바람을 불어넣었다. 아르다시르는 사산조 페르시아를 왕이 강력하게 통제하는 질서정연한 사회, 어려운 말로 중앙집권적인 사회로 만들었다. 왕권은 강했다. 왕 최측근 총리가 각 부문 장관들을 쥐고 있었고 지방에는 총독이 파견됐다. 큰 주의 총독은 큰 왕이라는 뜻의, '큰 샤'라고 불렀으며 왕 후계자를 보냈고, 작은 주 총독은 '샤'라고 불렀다. 왕 아래, 왕의 크고 작은 눈들이 지방 곳곳을 지켜보고 있는 꼴이었다. 사산조 시대 때 처음으로 관료, 요즘 말로 공무원 계층이 등장했다고 하니, 사산 제국이 나라를 효율적으로 통치하기 위해 얼마나 신경 썼는지가 드러난다. 이런 아르다시르 1세의 노력으로 사산 왕조는 결국 이란 역사상 가장 오랫동안 세계적인 힘을 가진 왕조가 되었다.

아르다시르가 나라를 꽉 잡고 통치하기 위해 또 하나 신경 쓴 게 있었으니, 바로 종교였다. 종교가 무슨 역할을 했을까? 당시 페르시아 사람들에게 종교는 곧 삶이라고 할 만큼 중요했다. 아르다시르는 종교를 하나로 통일하면, 국민들의 마음을 하나로 모을 수 있겠다 생각하고 당시 페르시아 사람들이 가장 많이 믿던 조로아스터교를 국교로 만들어버린다. 그러나 천천히, 다른 종교를 믿던 국민들 마음이 상하지 않게 천천히 추진했다.

모든 것이 이전 파르티아와 달라졌다. 새로운 제국의 시대가 열린 것이다.

천적 로마와 골칫거리 아르메니아

사산 제국은 파르티아 다음으로 무려 420년간 존속한 터라 왕이 무수히 많았다. 보통 22번째 왕 호스로 1세를 황금기로 보는데, 호스로 1세까지 왕 중엔 로마와 씨름한 샤푸르 1세와 샤푸르 2세가 유명하다. 당시 사산 제국을 괴롭힌 곳은, 서쪽으로는 로마와 동쪽으로는 쿠샨 왕국과 헤프탈인이 있었다. 쿠샨왕국과 아시아계 유목민족 헤프탈인도 골치 아팠지만 운명의 적은 로마였다. 로마가 쪼개진 이후로는 동쪽 로마, 동로마 제국(또는 비잔틴 제국)과 다투었다. 오늘날 이란 북쪽에 있는 나라 아르메니아는 파르티아 시절부터 이란과 로마 간 싸움의 화근이었다. 아르메니아를 지도에서 찾아보자. 중동 지방에서 크리스트교 국가로 외로운 섬처럼 떠 있는 느낌이다. 아르메니아는 301년 세계 최초로 크리스트교를 국교로 채택했다. 이 아르메니아로 인해 사산

- **에뎃사 전투 묘사 부조**
  샤푸르 1세가 에뎃사 전투에서 로마 황제 발레리안에게 승리를 거두는 장면을 묘사하고 있다.

제국 내내 로마와 전쟁과 화해(평화조약)는 머리 아플 정도로 수없이 반복된다.

샤푸르 1세(재위: 241~272년경)는 로마에게 여러 번 실패를 안겨준 왕이었다. 그는 로마와의 전쟁에서 승리한 후(241~244), 로마 왕(고르디안 3세)이 그의 말 아래 굴복하고 있는 가장 굴욕적인 장면을 골라 돌에 새기고 뿌듯해했다. 그는 로마와 평화조약을 체결해 무려 빛나는 황금 동전 50만 개를 챙겼고 나중엔 에뎃사란 곳에서 로마 황제(발레리안)를 포로로 잡는 쾌거를 올렸다(258~260). 샤푸르 1세는 뿌듯한 마음으로 다시 돌 위에 이렇게 새겼다.

"우리는 완벽한 승리를 거두고 발레리안을 포로로 잡았다. 우리는 그의 수많은 장군, 원로원 의원, 고위 장교를 전쟁포로로 잡아서 페르시아 영토 각지로 유배를 보냈다."

-유흥태, 『고대 페르시아의 역사』

비문의 내용은 우아한 편이었다. 흉흉한 소문이 돌았다. 샤푸르 1세가 말에 오를 때 디딤돌로 발레리안 황제를 쓴다는 등 페르시아 신전을 짓는 데 발레리안의 피부를 벗겨서 짚과 섞어 썼다는 둥 소문은 가학적이었다.

그러나 알려진 바에 따르면 샤푸르 1세는 비샤푸르란 곳에 발레리안을 위해 궁전까지 만들고 그를 거기서 살게 했다고 한다. 하지만 로마 왕을 위한 배려는 거기까지. 그는 전쟁의 승리와 발레리안의 치욕을 돌에 새겨 파르스 지역 곳곳에 세워두었다.

샤푸르 1세 전성기 때 영토는 거대했다. 샤푸르 1세는 유명한 페르시아 왕들의 거만한 칭호 '왕 중 왕'이라는 칭호가 마음에 차지 않았다. '모든 지역의 왕 중 왕'. 그는 이 칭호가 마음에 들었다. 그리하여 재임 내내 이 칭호를 사용했으며, 후대의 왕들도 따라 썼다.

왕을 보고 감히 '죄인'이라고 부르다니!

눈에 띄는 두 번째 왕 샤푸르 2세(재위: 309~379)는 장수한 왕이었다. 본인도 오래 살았지만, 거의 생애 내내 왕좌에 있었다. 무려 70년간 통치했다. 어린 시절, 귀족들이 개입했던 섭정 기간이 지긋지긋했던지, 그는 성인이 되어 카리스마 있게 제국을 통치했다.

그런데 문제가 있었다. 당시 샤푸르 2세가 불안해했을 만큼, 이란에서 크리스트교가 널리 퍼지고 있었던 것. 엎친 데 덮친 격으로 로마의 콘스탄티누스 황제가 크리스트교를 로마 공식 종교로 선언하고 자신을 전 세계 크리스트교의 수장이라 선언하자, 페르시아와 로마의 경쟁은 영토전에서 종교전으로 진화했다. 몸은 페르시아에 있지만 영혼을 로마에 둔 이란의 크리스트교인이 왕은 무척 신경 쓰였다. 그는 더 가혹하게 크리스트교인을 박해했다. 크리스트교를 국교로 선포한 아르메니아는 말할 것도 없이 가장 피해가 심했다.

샤푸르 이후 왕들의 시대에도 '종교'는 큰 화두였다. 야즈드게르드 1세(재위: 399~420)라는 왕은 크리스트교에 관대했다는 이유로 크리스트교인들 사이에서는 자비롭고 관대하다는 찬사를 받았지만, 조로아스터교인으로부터는 '죄인 야즈드게르드'라는 혹

평을 받았다. 왕을 보고 죄인이라고 부르다니!

고바드 1세(재위: 488~531) 때에는, 마즈닥교라는 새로운 종교가 혜성처럼 등장하는데, 이는 종교라기보다, 정치철학에 가까웠다. 인간사의 불평등은 소유에 따른 사유재산에 있으니 재산을 공유해야 한다는, 당시로서는 혁명에 가까운 사상이었다.

페르시아의 루터, 마즈닥이 혁명을 꿈꾼 이유

"신분제는 사회문제의 원인이다. 하늘 아래 만인은 평등하다!"

"인간은 모든 물질을 평등하게 나눠 모두가 행복해야 한다."

이 얘기는 우리가 한번쯤은 들어본 독일의 사상가 마르크스의 공산주의 개념과 비슷하다. 공산주의란, 쉽게 말해 차별 없이 모든 사람이 '재산을 공유해야 한다'는 개념이다. 마르크스가 공산주의를 주장하기 앞서 '공산주의'를 주장하는 사람이 있었다. 그는 앞에서 잠깐 얘기한 마즈닥교의 창시자 마즈닥이다.

마즈닥은 조로아스터교의 성직자였다. 한데 왜 이렇게 파격적인 생각을 하며 새 종교를 만들게 됐을까? 그건 바로 그가 목격한 현실이 너무나 암담했기 때문이다. 당시 페르시아는 총체적 난국이었다. 사산조의 엄격한 신분제 속에서 상류층(귀족과 성직자, 고위관료)만 나날이 살쪄가고, 일반 국민들의 삶은 하루하루가 지옥이었다. 매일 고된 노동을 하고, 국가가 필요할 때도 노동력을 제공하고, 전쟁이 일어나면 나가서 싸워야 했으며, 나라가 전쟁에 져 배상금을 내야 할 때도 이들이 돈을 메워야 했다.

더불어 귀족들이 득세해 왕실은 혼란스러웠고, 흉년으로 페르시아의 땅은 말라가고 있었다. 국교 조로아스터교는 국민에게 위로가 되긴커녕 오히려 상류층 편이었다. 참으로 너무한 현실이었다. 여러분이 당시 사산조의 백성으로 살았다면 여러분 중 누군가 한 사람도 마즈닥처럼 혁명가가 되고도 남을 만큼, 현실은 암담했다.

05

전 세계로 퍼진 사산조의 문화

짙은 어둠이 걷히고, 페르시아에 황금빛 햇살이 내리쬐기 시작한 건, 호스로 1세 때였다. 수없이 많은 왕이 떠난 왕좌에 호스로 1세가 앉았다. 그는 다방면에 뛰어났다. 통치도 잘했고, 많은 전쟁을 승리로 이끌었다.

우선 그는 나라 안을 평화롭게 만들었다. 엉망이었던 세금 제도를 정비하고 넓은 제국을 동서남북 네 부분으로 나누어 지방관을 보내 다스리는 등 지방 통치에도 심혈을 기울였다. 그의 개혁으로 그때까지 기세가 하늘을 찌르던 성직자와 귀족 군인이 호스로 1세 밑에서 숨죽이게 되었다. 나라 안이 안정되자, 호스

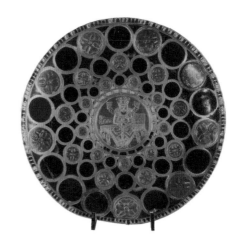

- **솔로몬의 잔**
  솔로몬의 잔으로 알려진 사산조 시대의 접시 유물. 가운데에 호스로 1세가 투명한 수정으로 조각되어 있다.

로 1세는 숨을 골랐다. 그리고 천천히 나라 밖을 응시했다. 로마와 전쟁을 벌일 시간이 된 것이다.

그러나 고대하던 전쟁은 호락호락하지 않았다. 로마도 페르시아도 강했다. 호스로 1세는 끝나지 않는 전쟁에 지쳐갔다. 로마와의 전쟁은 승부수가 나지 않은 채 50년 평화조약을 맺고 끝이 났다. 이후에도 로마와의 전쟁은 한동안 계속됐다.

호스로 1세는 많은 정복사업을 벌였지만 그는 천성적으로 공부를 좋아하는 지적인 왕이었다. 적국인 비잔틴 황제 유스티아누스가 아테네에서 모든 학교를 폐쇄시킨 만행을 저질렀을 때,

그는 비잔틴의 우수한 철학자들을 넓은 품으로 받아들였다. 그는 아예 곤데-샤푸르라는 곳에 대학을 세웠을 뿐만 아니라 그리스와 인도에서 넘어온 수많은 책을 페르시아어로 번역하게 해 페르시아 문학과 과학을 비옥하게 했다.

페르시아 카펫 역사에 전설처럼 남아 있는, '호스로의 봄' 카펫도 이름에서 알 수 있듯 호스로 1세 때 작품이다. 페르시아의 정원 풍경을 수놓은 이 카펫은 보석으로 짰다는 말이 어울릴 만큼, 많은 보석이 쓰였다. 흐르는 물줄기를 투명한 보석들로, 잔디밭을 에메랄드로, 꽃과 꽃봉오리, 열매를 각각 루비·에메랄드·진주·터키석으로 표현했다. 나중에 사산 제국을 침략한 아라비아 군인에 의해 조각조각 나서 어딘가로 사라졌다는 게 참 아쉬울 뿐이다.

사산조 왕들이 으스대는 법

호스로 1세는 궁 밖에 줄을 설치해 줄을 당긴 백성과 일대일 면담을 하기도 하고 조로아스터교를 제외한 다른 종교를 존중하는 등 인자하고 관용적인 왕이었지만, 그도 왕은 왕이었다. 그의 인자함은 그의 권위에 도전하지 않는 사람에 한해서였다. 그는 왕권을 위협한다는 이유로 마즈닥교인을 박해했고, 통치 초기

- **전투와 사냥 장면을 담은 접시와 카메오**
  사산조 시기의 조각 예술은 대부분 왕의 권위를 드러내기 위해 쓰였다.

모반을 꾀했다는 이유로 그의 형제와 형제들의 자녀까지 무참히 죽였다.

이뿐만이 아니다. 자신과 크리스트교인 왕비 사이에서 태어난 아들이 조로아스터교 전통을 무시하자 옥에 가두었고, 나중에 왕위를 넘보자 아들의 눈 위에 뜨거운 금속물을 부어 아들을 맹인으로 만들어버렸다.

호스로처럼 사산 제국의 왕은 권력의 꼭대기에 있는 최고의 권력을 누린 존재였다. 복잡한 의전 절차를 따라야 만날 수 있는 사람, 입을 가리고 있다가 허락이 있을 때만 그 앞에서 말을 할 수 있는 사람. 그리고 만남이 끝난 뒤 절대 등을 보이지 않도록 뒷걸음질쳐 나와야 하는 사람이 바로 왕이었다.

사산 제국의 궁전, 최고급 예술의 집합지

왕이 있는 궁전은 당시 모든 최고급 예술의 집합지였다. 페르시아의 이완, 그리스 원기둥, 로마의 모자이크 등 다양한 건축 양식이 어우러져 있었기 때문이다. 사산조 궁전 안엔 고급 카펫이 깔려 있었고, 연회 때에는 화려한 식기가 쓰였다. 사산 왕조의 세공인은 식기와 보석만 만든 게 아니었다.

전 세계 여러 곳의 박물관엔 사산조 왕들이 본인들의 홍보를 위해 만든 금속 접시가 많이 남아 있다. 한 로마의 역사가가 사산 제국의 그림과 조각이 모두 살인과 전쟁을 묘사한다고 비꼬았을 만큼 접시엔 주로 왕의 사냥 장면이 새겨져 있다. 왜 하필 왕의 사냥 장면? 사냥 장면만큼 왕의 '힘'을 잘 보여주는 장면이 없었기 때문이다. 나는 듯이 말을 타고 질주하는 왕, 화살을 쏴 당나귀와 사자를 한꺼번에 맞히는 왕 등 지금 보기에 말도 안 되는 장면을 새겨놓았지만, 당시에는 왕의 카리스마를 뽐내는 훌륭한 예술품이었다.

사산조의 왕은 금속 접시뿐만 아니라 제국 곳곳에 퍼진 동전 위에도 자신의 얼굴을 새겼다. 그러나 크기로 보나 전시효과로 보나 암벽 조각만큼 효과적인 건 없었다. 암벽에는 사산조가 파르티아와 로마에게 승리한 장면, 아후라 마즈다가 사산조의 왕을 왕으로 인정해주는 장면 등을 조각해놓았다. 사산조는 위대하며 신이 인정해준 왕조라고 강조한 것이다.

암벽에는 주로 역사적인 사실보다 자랑하고 싶은 사실을 상징적으로 묘사해 새겨놓았다. 이들은 이란 남쪽 도시와 더불어 아케메네스조 페르시아의 왕들의 무덤(나크시에 로스탐) 옆에도 암벽 조각을 만들어놓았는데, 이건 본인들이 아케메네스조 페르시아의 후계자라고 말하고 싶었기 때문이다.

사산조, 아라비아에게 멸망하다!

제국이 몰락하기 전 사산 제국을 그나마 강력하게 통치한 건, 우연찮게도 호스로 1세와 같은 이름을 가진 호스로 2세(591~628)였다. 호스로 2세는 별명이 '승리자(파르비즈)'일 정도로 전쟁에서 연승을 거두었다. 마침내 이집트도 예루살렘도 그의 손아귀에 들어왔다. 그러나 예루살렘에서 갖고 온 물건 하나가 화근을 불러일으켰다. 그것은 바로 예수가 못박혔다고 추정되는 십자가. 이란 안팎의 많은 크리스트교인은 분노로 몸을 떨었고 비잔틴군은 페르시아를 공격했다.

호스로 2세의 실수는 원만했던 로마와의 관계를 한 번에 무너뜨렸다. 사실 그는 크리스트교로 개종했다는 말을 들을 만큼 로마와 관계가 좋았다.

호스로 2세마저 떠나자, 사산의 역사는 빠르게 저물어갔다. 로마의 매서운 공격을 목격한 호스로 2세 아들 고바드 2세(628)는, 성자처럼 모든 것을 내려놓고 조용히 지냈다. 그는 비잔틴과 평화조약을 맺고, 아버지가 점령한 땅을 모두 돌려주었다. 십자가도 돌려주었음은 물론이다.

그 후로도 왕이 몇 번 바뀌었다. 이때 사산의 몰락을 지켜보며 힘을 키우고 있는 자들이 있었으니, 바로 아라비아족이었다. 야

즈드게르드 3세 시기, 아라비아 기마부대는 온 힘을 다해 사산을
공격했다.

오래전부터 제국은 망국의 조짐을 보이고 있었다. 경기 침
체, 종교의 타락, 잦은 전쟁과 정권 교체. 야즈드게르드 3세(재위:
632~651)는 결국 사산 제국의 마지막 왕이 되었다(651).

페르시아 왕자와 신라 공주가 결혼했었다고?

경주 천마총의 금관, 황남대총의 유리그릇, 처용 신화의 '처
용', 괘릉의 '무인석'……. 이란 역사 얘기하다 웬 신라 시대 얘
기냐고? 믿기 힘들겠지만, 이것은 신라 시대에 만들어진 사산조
페르시아의 흔적이다. 이란에서 경주가 얼마나 먼데 말도 안 되
는 소리냐고? 옛사람들을 너무 과소평가하지 말자. 우리가 생각
하는 것보다 이들은 아주 가까웠다.

사산조 당시 비잔틴과 페르시아의 문물은 실크로드를 통해 중
앙아시아와 중국을 거쳐 한반도까지 들어왔다. 당시 한반도에
있던 나라는 바로 신라. 놀랍게도 페르시아 상인들은 당나라의
장안을 넘어 신라의 경주까지 왔다고 전해진다.

학자들의 말에 따르면 사산조 페르시아가 멸망한 후인 8세기
에서 9세기경 비잔틴 제국의 수도 콘스탄티노플과 이슬람 제국

(아랍족이 페르시아를 무너뜨리고 만든 제국)의 바그다드, 당나라의 장안, 그리고 신라의 경주는 그야말로 '동시 패션 시대'를 누렸다. 콘스탄티노플에서 경주까지, 실크로드와 바닷길을 통해 교역품이 운송되어 유행이 퍼지는 데 걸리는 시간은 단 6개월에서 8개월이면 충분했다.

천마총의 화려한 금관과 황남대총의 유리그릇은 각각 페르시아의 금제품과 유리그릇의 영향을 받아 만들어진 작품이다. 큰 코, 부리부리한 눈, 짙은 눈썹 등 처용의 얼굴과 무인석의 얼굴은 도무지 한반도 사람이라고는 볼 수 없을 정도로 이국적이다. 중동 사람들과 참 닮았다.

이뿐만이 아니다. 『삼국사기』에는 신라 시대를 휩쓴 페르시아산 명품 얘기가 나온다. 당시 신라에서 페르시아산 카펫이 인기가 너무 많아 귀족에게 카펫 금지령을 내렸다는 둥, '슬슬'이라는 페르시아산 보석이 귀족 여인들에게 인기가 많았다는 둥 흥미로운 기록이 나온다.

최근에 알려진 『쿠쉬나메』라는 이란 서사시에는 더 엄청난 이야기가 나온다. 아라비아족의 공격을 피해 한반도까지 넘어온 사산조 페르시아의 왕자와 신라 공주가 사랑을 나누고 결혼까지 했다는 이야기이다. 안타깝게도 이 로맨스는 허구이지만, 두 나라가 교류했다는 증거로는 충분하다. 이란 역사를 알면 알수록 깨닫게 된다. 이란은 우리와 먼 나라가 아니었음을.

이란의 달력은 우리와 한참 다르다

이란인들은 우리와 날짜 개념이 다르다. '이란력'이라고 부르는 이란의 달력은 우리가 익숙하게 쓰는 서기력과는 아주 다르다.

우선 이란력은 서기력과 621년 차이가 난다. 이를테면 올해 2018년은 이란력으로 1397년이 된다. 서기력의 기준은 그리스도가 탄생한 해인데 이란력의 기준은 뭘까? 그건 바로 무함마드가 메카에서 메디나로 이주한 때인 622년이다. 이란력에 이슬람의 영향이 짙게 배어 있는 것이다.

달 이름도 우리와 다르다. 우리가 그냥 1월, 2월이라고 심심하게 달을 부르는 반면, 이란력의 이름은 각 달마다 고유하다. 1년 중 여섯 달의 이름은 조로아스터교 천사 이름에서 따왔다. 2월 오르디베헤쉬트 달은 불의 천사, 3월 코르다드 달은 물의 천사, 5월 모르다드 달은 식물과 채소의 천사, 6월 샤흐리바르 달은 금속의 천사, 11월 바흐만 달은 동물의 천사, 12월 에스판드 달은 땅의 천사 이름에서 따왔다. 이슬람에 더해 이전 종교인 조로아스터교의 영향도 고스란히 묻어 있는 것이다.

이란력의 1월 1일은 서기력으로 따지면 3월 21일 즈음 된다. 이란력 새해 첫날은 봄의 첫날, 즉 춘분인 셈이다. 새해의 첫날과 새해 휴일과 축제를 새날이라는 뜻의 '노루즈'라고 부르는데 최대 13일간 쉰다. 노루즈는 조로아스터교에서 기원했다. 조로아스터교는 춘분 때 낮과 밤의 길이가 같아져 선한 봄이 악한 겨울을 물리기 시작한다고 보았고, 이때를 새해로 생각해 축제를 벌였다.

노루즈는 이란을 비롯해 인도·아제르바이잔·우즈베키스탄·카자흐스탄·키르기스스탄·파키스탄·터키 등 고대 페르시아 문화권 국가에서도 찾아볼 수 있다. 이렇게 된 유래는 조로아스터교를 믿던 고대 페르시아 제국 시절 노루즈가 널리 퍼졌기 때문이다.

옛 제국과 현재의 제국주의는 다르다

제국이란 한 나라가 해당 나라뿐 아니라 다른 민족이나 나라를 통치하는 체제를 말한다. 유명한 제국으로는 페르시아 제국을 비롯해, 로마 제국·몽골 제국·이슬람 제국·오스만 제국 등이 있다.

제국주의라는 말도 이 제국에서 나왔다. 제국주의라는 말이 많이 쓰인 건 산업혁명이 일어나고 자본주의가 발달하면서 남는 상품을 팔고 남는 돈을 투자할 식민지를 찾게 되면서부터이다. 제국주의로 유명한 나라가 바로 '대영 제국'으로 불린 영국이다. 19세기에 영국은 인도를 비롯해 많은 식민지를 갖고 있었다. 얼마나 식민지가 많았는지 한 식민지에서 해가 지면 한 식민지에서 해가 떠서, '해가 지지 않는 나라'라는 별명이 붙었다.

제국에서 나온 제국주의는 그러나 옛 제국의 모습과는 사뭇 다르다. 특히 아케메네스조 페르시아 제국을 떠올려보면, 근대의 제국주의는 훨씬 폭력적이고 매몰차다. 아케메네스조 페르시아의 키루스 왕은 제국의 황제였지만, 보기 드문 리더였다. 속국민들이 나라의 주인이 바뀐지를 모를 정도로, 속국의 문화를 존중하며 너그럽게 통치했다. 19세기의 제국주의 국가들은 식민지의 정치·경제·사회 문화를 지배해 식민지에서 모든 것을 뺏으려 한다는 점에서 옛 페르시아 제국과 너무 다르다.

제국주의는 앞으로도 강대국에게 끈질기게 달라붙어 세계 역사의 흐름을 좌지우지할 것이다. 앞으로도 이렇다면 속국민의 눈물 대신 풍요로운 페르시아 문명을 탄생시킨 키루스 왕이 얼마나 위대했는지도 계속 회자되지 않을까.

이란 사람들은 어떤 종교를 가장 많이 믿을까? 바로 이슬람이다. 이란은 현재 국민의 98퍼센트가 이슬람을 믿는 이슬람 국가이다. 그러나 사산조 페르시아 시대까지 대부분의 이란인은 조로아스터교를 믿었다. 이란인이 이슬람을 믿기 시작한 건 아라비아족이 이란을 점령하면서부터이다.

동시에 이 시기는 이란 역사의 '흑역사'가 시작되는 순간이기도 했다. 이란은 이때부터 850년 동안 굴욕적인 시기를 보내게 된다. 어찌 한 나라의 역사에 빛만 내리쬘 수 있을까.

자, 이란을 완전히 바꿔놓았던 동시에 이란에 굴욕을 가져다준 그 시기로 떠나보자.

제3장

굴욕적인 800년,
그리고 부활

01

아라비아 침략, 이란의 역사를 바꾸다

호스로 1세는 아라비아반도 남부에 쳐들어갔을 때 꿈에도 눈치채지 못했다. 그 근방에서 태어난 아라비아인이 이란의 역사를 바꿔놓을 것임을. 무함마드(571~632)가 7세기에 이슬람교를 탄생(610)시켜 전파시킨 후, 그의 후계자들은 종교 전파를 내걸고 사산 제국과 비잔틴 제국을 무서운 속도로 점령해나갔다. 중동의 다양한 나라와 민족은 아라비아 민족이 이슬람을 내걸고 만든 제국의 거대한 소용돌이로 빨려들어갔다. 이슬람 군대는 어렵지 않게 페르시아를 삼켜버렸다(642).

이란 전체에 이슬람이 전파되는 데는 다소 시간이 걸렸지만,

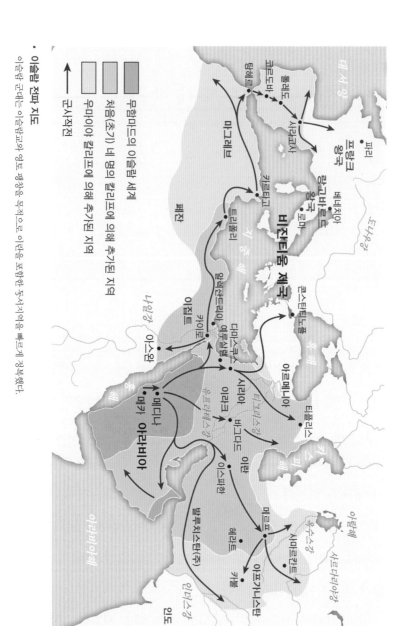

이슬람 전쟁 지도

이슬람 군대는 이슬람교와 영토 팽창을 목적으로 이란을 포함한 동서지역을 빠르게 정복했다.

- 무함마드의 이슬람 세계
- 정통(초기) 네 명의 칼리프에 의해 추가된 지역
- 우마이야 칼리프에 의해 추가된 지역
- → 군사작전

비잔티움 제국

아라비아

메카 · 메디나

이란 도시민들의 마음엔 이슬람이 빠르게 스며들었다. 이들은 조로아스터교가 신성시하는 불·물·흙을 재료로 사용하는 계층이라 조로아스터교에서 멸시를 당해 조로아스터교에 별 애착이 없었다. 반면 불·물·흙을 귀중히 여기며 더불어 살아가 조로아스터교에서 중요하게 여겨진 농민 계층은 쉽게 마음을 열지 않았다.

그러나 아라비아인의 '이슬람 마케팅 전략'은 뛰어났다. 이슬람은 만민 평등을 주장했고, 개종을 하기만 하면 세금을 받지 않았다. 사회의 불평등에 편승한 조로아스터교와 무거운 세금에 짓눌려 고통을 받던 이란인은 조로아스터교를 고집할 이유가 없었다. 이렇게 이란인은 이슬람을 받아들이기 시작했고, 이란 전체로 이슬람은 조금씩 퍼져나갔다.

이대로 당할 수만은 없다!: '시아파 이슬람'과 '아바스 혁명'

한데 이란인이 누구인가. 아라비아의 침략을 당하기 전 여러 번 제국을 가져본 이들이었다. 아라비아족이 자신들의 땅에서 지배자로 군림하자 저항감이 생기지 않을 수 없었다. 이들의 저항감이 두드러진 사건이 바로 '시아파 이슬람'과 '아바스 혁명' 이 두 가지 사건이다.

갑자기 어렵고 딱딱한 말이 나온다고? 차근차근 설명해줄 테니 들어보자. 우선 시아파 이슬람 얘기부터. 수니파, 시아파가 이슬람의 두 종파라는 건 잘 알고 있을 것이다. 이슬람이 두 분파로 갈라진 건 후계자 선출 문제 때문이었다. 무함마드 사후, 세 번째 후계자까지는 선출 기준이 '능력'이었다. 그러나 무함마드 사촌이자 사위인 알리를 숭배하는 사람들이 '혈통'을 바탕으로 후계자를 뽑아야 한다고 주장하기 시작했고 이때부터 갈라지기 시작했다. 즉 '능력'과 '피'의 싸움이 이 두 분파가 생긴 원인인 셈이다. '능력파'가 정통파인 '수니파', '혈통파'가 '시아파'이다.

알리는 결국 네 번째 후계자가 됐지만 알리가 죽은 후 종교 공동체였던 이슬람은 아라비아 민족만 중시하는 거대한 '이슬람 제국'이 되어버렸다. 제국의 왕좌를 거머쥔 건 우마이야 왕조(661~750)였다. 우마이야 왕조는 아랍인 제일주의를 내세우며 평등한 종교 공동체를 왕조로 만들어 이란인을 필두로 한 점령민들의 불만을 샀고, 세금을 무겁게 매겨 일부 아라비아인도 불만이 많았다. 무함마드의 삼촌, 아바스의 후손은 이 상황을 놓치지 않고 호전적인 호라산 지역의 이란인과 협력하여 반란을 일으켰고 결국 이슬람의 왕좌를 차지했다. 학자들의 의견에 따르면 아바스 혁명 이후 아바스 왕조 치하 이란인의 역할이 중요해지면서 이슬람으로 개종하는 이란인이 크게 늘어났다고 한다. 아바스 혁명의 성공으로 이슬람 제국의 왕좌는 우마이야 왕조에서 아바스 왕조로 넘어갔다. 그러나 이것은 이란인의 활약의 서막에 지나지 않았다. 이 얘기는 뒤에 가서 마저 하기로 하자.

아바스 혁명이 정치적인 저항의 시작이었다면, 종교적인 저항은 바로 시아파 이슬람을 믿는 것이었다. 이들은 마이너 이슬람, 시아파에 마음을 주기 시작했다. 그건 '수니파' 우마이야 왕조에 대한 반감 때문이기도 했지만, '알리'에 대한 좋은 기억 때문이었다. 알리는 피지배인인 이란인에게 따뜻한 후계자였다. 더불어 무함마드의 피가 흐른다는 것도 매력적이었다. 어찌 됐든 자존심 강한 이란인은 주류 이슬람이 아닌 이들만의 차별화된 이슬람을 선택했다. 이란 사람 대부분이 시아파가 된 건 더 시간이 지난 후의 일이지만, 출발은 이러했다.

반격의 결정판: 부예조, 이슬람 제국의 왕좌를 차지하다

이란이 아라비아에 멸망한 지 약 300년이 지난 어느 날, 이슬람 제국을 뒤흔드는 사건이 벌어진다. 바로 이란 왕조가 이슬람 제국의 왕좌를 차지한 것이다. 그것도 100년 동안.

어떻게 이런 일이 일어났을까. 9세기 들어 아바스 제국엔 독립의 바람이 번져갔다. 수장 칼리프의 힘도 약해졌지만 페르시아의 제도를 모방한 총독제도 때문이었다. 왕은 신뢰하는 장군들을 총독으로 보내 지방을 다스리게 했는데 이 총독들이 스멀스멀 자신들의 왕국을 만들기 시작했다.

이슬람 제국의 한 지역, 이란도 예외는 아니었다. 이란에서도 타히르조(821~873), 사파르조(867~903), 사만조(874~999), 타바레스탄 알라비조(864~940), 지여르조(930~1090), 부예조(932~1062) 등 독립 왕국이 우후죽순 생겨났다. 페르시아에서 유래한 제도가 가져온 이란 왕조의 독립이라. 참 재밌다. 한데 독립 왕조라고 해서 칼리프와 으르렁거리는 식이 아니라 묘한 긴장 관계를 이루며 공존했다. 아바스 제국은 이슬람 제국이었다. 칼리프는 언제든 자신을 공격할 수 있는 독립 왕조를 왕조로 인정해주며 달랬고, 독립 왕조는 자신들을 인정해준 칼리프를 이슬람 세계의 지도자로 인정해주었다. 참고로 이슬람 제국 내 독립 왕조는 칼리프의 승인이 있어야 가능했다.

그러나 이런 공존이 깨진 건 이란 독립 왕조 부예조(934~1062) 때였다. 당시 아바스 제국 정부는 허수아비 정부로 수도 바그다드는 터키계 노예 용병 맘룩에게 꽉 잡혀 있었다. 부예조의 왕 아흐마드는 이런 상황에 있던 바그다드를 정복했고 이슬람 제국의 통치자가 되었다. 칼리프는 종교적인 수장에 불과했다. 아흐마드는 칼리프의 목숨과 칼리프제도를 없애지 않고 살려두었는데, 그건 이슬람 제국의 대다수인 무슬림을 지배하기 위해서였다. 더불어 부예조는 시아파 왕조였던 터라 이란에서 시아파가 정착하는 계기가 됐다.

아라비아 침략 후 숨죽이며 살던 이란은 부예조 시기 결국 이슬람 제국의 왕좌를 차지했다. 그래서였을까? 혹자는 부예조의 통치를 아라비아와 튀르크의 이란 지배 기간 사이에 이란인이 잠깐 끼어든 '막간극'이라고 표현하기도 한다. 부예조처럼 다른 독립 왕조들도 짧으면 50년, 길면 100년 남짓 역사에 이름을 남기고 사라졌다. 어떤 왕조들은 동 시간대에 존재해 서로가 서로를 멸망시키고, 어떤 왕조는 아라비아 이후 이란을 지배한 튀르크계 왕조에게 크게 침략을 당하고 멸망했다.

더 이상 헷갈리지 말자!: 이란 VS 아라비아, 이란어 VS 아라비아어

이란은 아라비아 국가이다. 맞는 말일까? 틀린 말일까? 이란은 당연히 아라비아 국가라고 생각했다고?

이란은 아라비아 국가에 속하지 않는다. 아라비아 국가는 대부분의 국민이 아라비아인이고 아라비아어를 써야 아라비아 국가가 될 수 있다. 그런데 이란은 페르시아인이 대부분이고 페르시아어를 쓰는 다른 국가이다. 두 곳이 헷갈리는 건 둘 다 이슬람을 믿고(인도네시아도 국민의 87퍼센트가 이슬람을 믿는데 아라비아 국가라고 말하지 않는다), 생김새가 비슷해 보이고, 중동 지역에 있기 때문이다. 또 하나, 둘을 헷갈리게 하는 건 아라비아문자로 이루어진 언어 때문이다.

아라비아어는 이슬람 제국의 '공용어'였다. 속국 간에 서로 소통하기 위해, 모든 속국민이 읽을 수 있는 글을 쓰기 위해 어쩔 수 없이 배우고 사용해야 했던 언어가 '아라비아어'였다.

이 때문에 아라비아어와 전혀 달랐던 페르시아어도 시간이 흐르면서 아라비아문자와 많은 아라비아어 어휘를 흡수했고 아라비아어와 닮아져버리고 말았다. 페르시아어 알파벳 32개 중 28개가 아라비아문자이다. 한국어와 중국어가 다르지만, 우리가 한자를 아는 것과 비슷한 이치이다.

그러나 두 언어의 말(言)은 전혀 다르다. 페르시아어는 인도-유럽어족, 아라비아어는 셈어족에 속한다. 아라비아인과 이란인은 서로의 말을 배워야 소통이 가능하다. 페르시아어가 아라비아어의 광풍 속에서 알파벳이 변하면서도 사라지지 않고 끝까지 살아남은 건 다름 아닌 '시' 때문이었다.

- **『샤흐나메』**

  이란인은 『샤흐나메』를 통해 페르시아어를 기억하고 보존해, 자신들의 언어를 지켜낼 수 있었다.

대표적으로 페르시아어를 지킨 시가 바로 사만 왕조 때 만들어진 『샤흐나메』(왕서王書)이다. '페르시아어 보존창고'로 불리는 이 시는 페르도우시(935~1020)라는 시인이 아랍어가 아닌 순수한 페르시아어로 아라비아 침략 전 페르시아의 전설과 역사를 6만 행에 달하는 긴 시로 써낸 작품이다. 긴 세월 동안 이란인들은 샤흐나메를 읽고 낭송하며 페르시아어를 기억하고 보존했다.

시작(詩作)행위를 통해 부활해서인지 페르시아어는 더 부드럽고 풍성한 표현의 언어가 되었다. 이때 만들어진 페르시아어가 현재 이란인이 쓰고 있는 언어이다. 페르시아어가 모호하고 시적인 이유가 바로 여기에 있다.

이슬람 문명의 핵심 브레인은 페르시아인?

"옛날 페르시아에 사산이라는 이름의 왕조가 있었다. 제국의 영토를 인도와 그에 딸린 크고 작은 섬들, 그리고 갠지스강 너머 중국에까지 이르게 한 왕들의 왕조였다."

-『천일야화』

「알라딘과 이상한 램프 이야기」 「알리바바와 40인의 도둑 이야기」 「뱃사람 신드바드의 모험」……. 우리가 흔히 아는 얘기들이 들어 있는 『아라비안나이트』는 이렇게 시작된다.

가만 보니 제목은 아라비안나이트인데, 얘기의 시작은 사산조 페르시아 왕조에 대한 소개로 시작한다. 어찌 된 일일까? 『아라비안나이트』 또는 『천일야화(1,001일 밤의 이야기)』의 원조는 바로 사산조 페르시아에서 만들어진 『천의 이야기』이다. 『천의 이야기』가 페르시아 문화를 존중했던 아바스 제국 시절 아라비아어로 번역된 후, 이야기가 추가되고 다듬어진 끝에 15세기 지금의 『천일야화』, 즉 『아라비안나이트』가 만들어졌다.

엄격히 말하면 『아라비안나이트』는 원래 '페르시안나이트'였던 셈이다. 『아라비안나이트』의 경우처럼, 페르시아 문화는 이슬람 문명의 '핵심 브레인' 역할을 했다. 페르시아는 아라비아에 점령당하기 이전 여러 번 거대한 제국을 가져본 유일한 민족이었고 이때까지 쌓은 문화적·역사적 전통이 탄탄했다.

아바스 왕조가 이슬람 제국의 왕좌를 차지한 뒤, 이란인을 스카웃해 행정 관료로 일하게 한 것도 그들이 아바스 제국의 탄생에 핵심적인 역할을 한 것 때문이기도 했지만 그들이 도저히 뽑지 않을 수 없는 능력자들이었기 때문이다. 이란인은 제국을 다스려본 경험이 풍부했다. 거대한 제국을 만들긴 만들었지만, 제국을 다스려본 경험이 없는 아라비아 민족에게 페르시아의 정치, 행정 노하우는 큰 힘이었다. 이후 이란을 지배한 튀르크족도, 몽골족도 페르시아인의 노하우에 의존하게 되었다는 사실. 사람도 문화도 '내공'이 강하면 어디서든 살아남는 법이다.

이슬람은 페르시아 문화를 만나 풍요롭고 윤기 나는 문명이 되었다. 무미건조했던 이슬람교는 종교적으로 풍요로워졌고, 페르시아의 수학·의학·문학·직물 제조·그림·서적·장식 등의 학문과 예술은 다양한 문화가 모여 있던 이슬람 제국 안에서 무럭무럭 자라나 '이슬람 문명'이 탄생하는 데 큰 이바지를 했다. 이슬람 문명은 우리에겐 낯설지만, 이래 봬도 중세 시대 가장 앞서가는 문명이었다. 오늘날 서양문화의 토대가 된 것도 바로 이슬람 문명이라는 사실을 기억하자.

02

페르시아 문화에 빠진 튀르크족

동·서양의 문화가 뒤섞인 아름다운 도시, 이스탄불이 있는 나라 터키는 이란 서쪽에 붙어 있는 이웃 국가이다. 터키는 튀르크족이 만든 나라로, 터키가 되기 전엔 우리가 많이 들어본 오스만 제국(1299~1922)이었다. 오스만 제국 이전엔 셀주크 제국(1037~1194)이었는데, 이 셀주크 제국 시절 이란은 튀르크의 지배를 받았다. 이란의 역사를 따라가다보면 아라비아의 역사도 만나고 터키의 역사, 몽골의 역사와도 만난다. 지배하고 지배받는 사건의 연속인 이상, 역사는 하나일 수 없는 셈!

튀르크인은 중앙아시아에 살던 유목민족이었다. 이슬람의 바람이 이란을 건너 중앙아시아에 불어 닥치자 튀르크인은 이슬람으로 개종을 했고 이슬람 제국의 다양한 통치자들 밑에서 일하기 시작했다. 튼튼하고 용맹한 그들을 휘하에 두는 건 통치자들 사이에서 유행이었다.

능력 좋은 튀르크족은 점점 힘을 키워 급기야 나라를 만들기 시작했다. 셀주크 제국을 비롯해 가즈나 왕조, 하라즘 샤 왕조 등 여러 튀르크계 왕조가 이란을 지배했다. 참고로 튀르크인은 원래 몽골인 같은 동양적인 외모였다. 그러나 서쪽으로 이동해 오랜 시간 아라비아인·페르시아인·유럽인과 섞이며, 오늘날 터키인의 외모가 되었다.

타지마할을 탄생시킨 가즈나조(977~1186)

셀주크 제국 이전 이란을 다스린 가즈나조는 '이란 스타일' 제도와 문화로 나라를 통치한 것으로 알려졌다. 가즈나조의 눈에 띄는 업적은 황금기 왕 술탄 마흐무드의 '인도 정복'이다. 그는 '보물창고'로 불리던 인도를 정복해 이슬람을 인도에 전파했다는 대의명분도 얻었고, 이에 칼리프에 '술탄'이라는 영광스러운 칭호를 받았음은 물론, 가즈나조 내부 문제들에서 벗어나는 등 일석 사조를 챙겼다. 그러나 무엇보다 인도 정복으로 탄생한 아름다운 작품이 있었으니, 바로 '타지마할'이다. 타지마할은 이때 흘러든 이란-이슬람 건축 양식의 영향을 받아 만들어졌다고 전해진다.

그러나 타지마할을 탄생시킨 인도 점령은, 나중에 가즈나조의 몰락을 가져왔으니……. 가즈나조가 끊임없이 인도 점령에 몰두하는 이때 힘을 키운 민족이 셀주크족이었다. 결국 가즈나조는 셀주크족에게 영토를 빼앗긴 후 소왕국으로 전락했고 얼마 후 이란 역사에서 영원히 사라졌다.

밉지만 밉지 않은 셀주크 제국(1037~1194)

가즈나조 이후 이란을 다스린 셀주크 제국은 절정기엔 제국 동쪽으로 중국, 서쪽으로는 지중해 인근 지역에 이르렀을 정도로 아주 넓은 제국이었다. 셀주크 제국이 가장 거대했을 때의 왕은 말레크 샤(재위: 1072~1092). 그는 셀주크 제국을 안정적으로 통치했다고 전해지는데 페르시아 출신 재상 니잠 알 물크(Nizam al-Mulk, 1018~1092)의 도움 때문이었다. 니잠 알 물크는 뛰어난 재상이었다. 그는 『시야사트 나메(정부론)』라는 '정치 가이드북'을 써서 왕에게 선사하는 등 셀주크조가 안정된 제국이 되는 데 이바지한 일등공신이었다.

셀주크 제국의 지배는 이란에게 실보다는 득이었다. 평등하고 다양한 문화가 공존하는 이슬람 제국을 꿈꿨던 셀주크의 왕들은 학문과 예술을 눈에 띄게 발전시켰다. 재상 니잠 알 물크도 자신의 이름을 딴 니자미야대학을 세워 이슬람 신학을 가르쳤고 페르시아인 출신 이슬람 학자들의 학문도 이때 활발하게 발굴되고 활용됐다.

강력한 통치자 말레크 샤가 죽자 셀주크조는 흔들거리기 시작했다. 이 혼란스러운 틈을 타 벌어진 사건이 그 유명한 십자군 전쟁(1095)이다. 당시 크리스트교 성지인 예루살렘을 셀주크 제국이 다스리고 있었는데, 셀주크가 예루살렘 성지 순례를 금지하자 화가 난 유럽인이 전쟁을 일으킨 것이다.

그러나 시간이 흐른 후 셀주크가 망한 결정적인 원인은 십자군 전쟁이 아닌 왕자들의 스승 때문이었다. 스승들이 무슨 일을? 셀주크는 왕자들을 아타베그라고 불리는 스승과 함께 각 지방의 영주로 보냈는데, 이들이 왕자를 대신해 지방을 다스리다 힘을 키워 독립을 하고 만 것이다. 엎친 데 덮친 격으로 제국 바깥 상황도 좋지 못했다. 이란은 결국 '하라즘 샤'라는 또 다른 튀르크계 주인의 손에 넘어갔다.

참고로 오늘날 터키의 모습이 시작된 건 이 셀주크 제국 때이다. 셀주크 제국이 비잔틴과 벌인 전쟁에서 승리한 후(1071) 지금의 터키 땅을 차지하게 됐다. 이후 수많은 튀르크 부족이 이곳으로 쏟아져 들어와 오늘날 터키의 모습을 갖추게 되었다.

전설적인 '암살자'들

셀주크 제국 당시 '전설의 암살단'(아사신)으로 불리던 이들이 있었다. 이들은 시아파에서 갈라져 나온 이스마일파의 한 분파인데 셀주크 정부뿐만 아니라 십자군 사이에서 그 잔혹함과 신비스러움으로 명성이 자자했다. 이들은 '매의 둥지'라는 별명이 붙은 험준한 알라무트 요새에 공동체를 만들고 암살자들을 양성해 암살을 수행했다. 그것도 적들에게 공포를 주고 자신들을 널리 알리기 위해 많은 사람이 모인 공공장소에서…….

암살단은 유럽의 왕과 십자군들까지 공포로 몰아넣었지만, 이들의 원래 목표는 아바스 왕조였다. 아바스 왕조의 주요 인물을 암살해 왕조를 무너뜨리려고 했던 것이다. 왜 이들은 같은 무슬림을 방해하려고 한 걸까?

이스마일파는 시아파의 분파로 '7대 이맘파'로 불리기도 한다. 그냥 시아파 중에서도 일곱 명의 시아파 지도자(이맘)만 인정한 분파라고 간단히 이해하고 넘어가자. 이 이스마일파의 지도

• **알라무트 성**
 '암살단'의 성채가 있던 알라무트 성은 해발 2,100미터의 산 정상에 위치한 천연 요새였다.

자 중 한 명이 북아프리카에서 시아파 파티마 왕조(909~1171)를
만들었는데 이후 수니파 아바스 왕조와 경쟁하며 자신들이 유
일한 이슬람 공동체의 지도자라고 주장했다. 급기야 파티마조는
수니파 이슬람 제국인 셀주크 제국으로 '하산'이라는 이를 급파
해 수니파 정권을 무너뜨리려고 하는데…….

 이렇게 출발한 '암살단'은 험준한 산마다 요새를 마련하고 도
시에 잠입해 암살을 저지르고 자신들의 교리를 퍼뜨리는 만행을

저질렀다. 셀주크의 재상 니잠 알 물크가 대학까지 세우며 수니 파 신학을 퍼뜨린 건 이들 때문이기도 했다. 니잠 알 물크는 끝내 암살단에 의해 살해됐다고 전해진다.

십자군 사이에서 이들의 명성(?)이 얼마나 자자했는지, 이들의 이름 아사신이 나중에 암살자를 뜻하는 영어 단어 'Assasin'으로 굳어지기도 했다. 아사신의 유래도 심상치 않다. 아사신은 '대마 초를 피우는 사람'을 뜻하는 페르시아어 하사신에서 유래했는데, 이들이 암살 수행 전 초인적인 용기를 갖기 위해 대마초를 피웠 던 것으로 알려졌기 때문이다. 종교적인 목표를 위한 치밀하고 계획적인 암살. 그래서 혹자는 이 암살단을 '테러리즘'의 시초로 보기도 한다.

호와르즘 샤(1077~1231) 왕조의 거대한 실수

튀르크족이 이란을 지배하기 훨씬 전 아바스 왕조의 칼리프는 쇠약해질 대로 쇠약해져 있었다. 그러나 중동에서 힘센 제국이 든 아니든 칼리프 대신 이슬람 세계를 통치한다는, 즉 정치적·군 사적 지배자로 칼리프에게 인정을 받는 건 중요했다. 이슬람 세 계에서는 어찌 됐건 종교적 수장 칼리프의 인정을 받아야 이슬 람 세계의 한 부분으로 인정받을 수 있었기 때문이다.

가즈나조의 왕 술탄 마흐무드는 인도를 정복한 공로로 최초로 술탄이라는 칭호를 받았다. 셀주크 제국의 말레크 샤도 넓은 제국을 다스린 덕택에 칼리프로부터 동방과 서방의 술탄이라는 영광스러운 칭호를 받은 적이 있었다.

그러나 선배 튀르크 왕조와 달리 흐와르즘 샤 왕조의 상황은 좋지 못했다. 아랄해 남쪽 비옥한 땅을 근거로 나라를 만든 흐와르즘 샤 왕조는 셀주크를 물리친 후 칼리프에게 권력을 인정받으려 두 번이나 시도했지만, 결국 실패하고 만 것이다. 하필 당시 칼리프는 이제까지 힘없던 칼리프와 달리 힘을 되찾으려고 했던 깐깐한 칼리프였기 때문이다. 해도 해도 너무하다고 생각한 왕 술탄 무함마드(재위: 1200~1220)는 바그다드로 쳐들어갔지만, 안 되는 건 어떻게 해도 안 되는 건지, 바그다드로 진격해 가는 도중 폭설이 내려 복수는 실패로 끝나고 말았다.

흐와르즘 샤 왕조가 칼리프에게 인정을 받든 못 받든 이란 역사에서 사실 크게 중요한 일은 아니었다. 이란인의 삶에 큰 영향을 미친 사건은 다름 아닌 술탄 무함마드의 말년에 벌어졌다. 술탄 무함마드는 끝끝내 칼리프에게 인정을 못 받았다는 콤플렉스 때문인지 나라를 비우면서까지 정복 전쟁에 몰입했다. 그러다 동쪽에 있던 한 왕조 카라한조를 멸망시킨다.

역사가들은 바로 이 전쟁을 그가 벌인 최대의 실수로 보고 있다. 왜? 이란을 공포로 몰아갔던 한 민족에게 문을 활짝 열어준 꼴이 됐기 때문이다. 이들은 바로 '몽골'이었다.

03

이란인이 치를 떠는 그 이름, 몽골

우리가 몽골 하면 떠올리는 인물, 칭기즈 칸(1155?~1227)은 몽골을 대제국으로 만든 지도자이다. 이란이 하라즘 샤 왕조의 술탄 무함마드 지배하에 있을 때 칭기즈 칸이 이란 역사에 등장한다.

몽골은 중국 북부, 춥고 건조한 지역에 사는 유목민이었다. 칭기즈 칸은 신이 몽골을 위해 보낸 사람처럼, 무서운 기세로 주변 지역을 정복해나갔다. 그는 거대한 중국을 거머쥔 후, 중앙아시아 대부분의 지역을 정복했다. 칭기즈 칸은 중국과 중앙아시아를 정복한 후, 이곳을 가로지르는 해외 무역로에 관심을 갖게 됐다. 그는 무역을 위해 '이곳'에 사절단을 보내기로 결심했다. 그곳은 바로 이란이었다.

몽골 사절단은 먼 길을 달려와 이란 동부 국경도시인 우트라르에 도착했다. 이들은 지금까지 몽골이 무서운 기세로 지역을 정복했던 것처럼, 이곳에서 일사천리로 일을 마무리하고 몽골로 돌아갈 계획이었다. 그러나 사건은 예상치 않게 흘러갔다. 우트라르 지방 총독은 이들이 갖고 온 진귀한 물건에 탐을 냈고, 이들이 페르시아어에 능통한 것을 트집 잡아 간첩으로 모함해 사형시키고 보물들을 빼앗았다. 물론 술탄 모함마드의 승인하에 벌어진 일이었다.

칭기즈 칸은 분노에 몸을 떨며 술탄 무함마드에게 항의의 뜻으로 다시 사절단을 보냈다. 술탄 무함마드는 칭기즈 칸에 대한 소문을 듣지 못했던 걸까? 그는 또 한 번 이들을 참수시킨다. 서둘러 출격한 몽골의 군대는 우트라르를 초토화시켰다. 몽골의 첫 번째 이란 침입이었다(1218~1221). 칭기즈 칸을 분노케 한 술탄 무함마드는 어떻게 됐을까? 그는 오만함의 대가를 혹독하게 치렀다. 몽골군에 쫓겨 도망 다니다, 카스피해 인근 지역에서 세상을 떠났다.

이후 몽골군은 이곳 출신 무슬림 상인의 안내를 받아 트란스옥시아나, 지금의 중앙아시아의 우즈베키스탄·타지키스탄·카자흐스탄 지역에 잠입해 초토화시켰다. 비옥한 땅 위에 서 있는 도시가 처참히 파괴되고, 많은 사람이 학살당했다. 비옥한 트랜스옥시아나 지방은 몽골 침입으로 초토화된 후, 그때까지 누려온 풍요와 번영을 잃고 지금도 옛날의 영광을 회복하지 못하고 있다. 술탄 무함마드의 아들 잘랄 알 딘은 인도로 피신한 후 다시 이란으로 돌아와 흐와르즘 샤 왕조를 부활시키려 노력했지만 소용이 없었다. 그는 도적 떼에 잡혀 살해당했다. 하라즘 샤 왕조의 몰락이었다.

일한국, 칭기즈 칸의 손자가 나라를 세우다!

칭기즈 칸이 죽은 후에도 몽골에 대한 이란의 저항은 계속됐다. 골칫거리 암살단파도, 바그다드의 칼리프도 저항을 계속했다. 칭기즈 칸의 손자 훌라구는 이런 이란을 두고 볼 수 없어 다시 쳐들어와 아예 이란과 그 일대를 싹 정리해버렸다. 몽골은 대단했다. 악명 높은 암살단을 알라무트 요새에서 끌어내 제거했으며, 바그다드까지 쳐들어가 아바스 왕조의 파란만장한 역사에 종지부를 찍었다(1258). 마지막 칼리프는 몽골군에게 살해당했고 몽골은 동부 이슬람 세계를 발밑에 두게 되었다.

이런 상황이었으니 훌라구가 욕심을 낼 만도 했다. 그는 이 기세대로라면 할아버지 칭기즈 칸이 차마 정복하지 못했던 지중해 연안·북아프리카·유럽에 이르는 지역을 정복할 수 있을 거라 생각했다. 그가 열정적으로 정복사업을 벌이고 있던 어느 날, 몽골에서 전갈이 날아왔다. 형 뭉케가 사망했다는 소식이었다.

그는 정복사업만큼 탐났던 후계 자리를 위해 급히 몽골로 돌아갈 채비를 했다. 그러나 그는 자신의 군대가 이집트군에 패하고 둘째 형 쿠빌라이가 후계자가 됐다는 소식을 듣고, 이란에 남아 있기로 결정한다.

이렇게 남게 된 훌라구가 이란에 몽골의 나라를 세우게 됐으니, 바로 일한국이다(1256~1353). 그는 중국의 원나라, 세 개의 한국(차가타이한국·오고타이한국·킵차크한국)과 함께 거대한 몽골 제국을 이루는 일한국을 세운 뒤 이란인 재상을 등용해 망가진 이란을 복구하려 노력했다.

일한국의 황금기는 이슬람교로 개종한 왕 마흐무드 가잔(1295~1304) 때 찾아왔다. 마흐무드 가잔은 원래 불교도였지만, 왕으로 즉위한 뒤 이슬람으로 개종했다. 가잔은 개종한 뒤 이슬람을 국교로 정해 불교 의례를 금지해버렸다. 현재 이란에서 불교 신자를 찾아볼 수 없는 건, 불교를 이교도로 생각했던 아라비아 때문이다. 또한 마흐무드 가잔이 이때 벌인 '불교 정리 작업'의

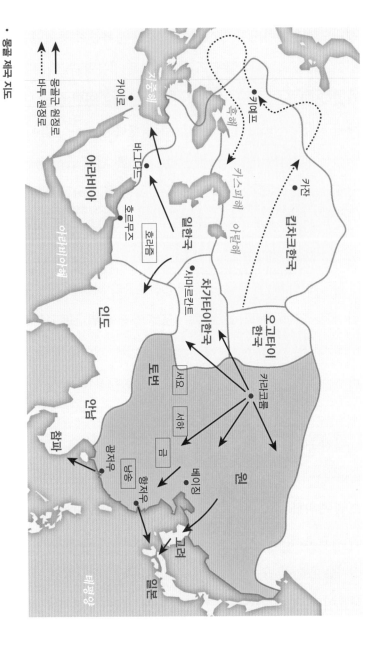

・ **몽골 제국 지도**
칭기즈 칸의 손자 훌라구는 이란을 정복해 '일한국'이라는 나라를 세워 통치했다.

→ 몽골군 원정로
┄→ 바투 원정로

지중해
카이로
바그다드
홈므즈
아라비아
아라비아해
흑해
카스피해
아랄해
카잔
사라이
킵차크한국
오고타이
한국
차가타이한국
사마르칸트
일한국
카라코룸
훌람
인도
톈산
서요
서하
금
남송
광저우
참파
안남
옌안
베이징
항저우
고려
일본
태평양

여파이다. 파르티아아 제국과 사산 제국 때에 일부 이란인은 불교를 믿었고 불교사원도 존재했지만 가잔 시대, 이란의 불교 사원은 모두 모스크로 바뀌었고 이곳으로 이주한 몽골인들도 점차 이슬람에 호감을 갖고 개종하기 시작했다.

이스파한 사람이 짜다고 소문난 이유는?: 티무르조의 탄생과 멸망

이란인은 이란 중부도시 이스파한 사람을 보고 짠돌이라 말하곤 한다. 우리가 서울 사람은 깍쟁이다, 충청도 사람은 느긋하다고 말하는 식이다. 재밌는 건, 이스파한 사람이 인색하다고 인식된 유래가 바로 티무르(1336~1405)로부터 비롯됐다는 사실이다. 그는 일한국에 이어 이란을 지배한 티무르조(1370~1507)를 탄생시킨 사람이다.

티무르는 훌라구처럼 칭기즈 칸의 후예가 아닌 몽골군 장수의 아들이었다. 일한국이 쪼개진 후 혼란의 틈에서 티무르는 사마르칸트를 수도로 하는 티무르조를 세웠다. 그는 전쟁 중 다리를 다쳐 '절름발이 티무르'라는 별명을 갖게 되었지만, 이후 15년에 걸친 정복 과정이 얼마나 잔인하고 참혹했는지, 이란인은 이때를 이란 역사상 가장 참혹한 시기라고 말한다.

15년 동안 이란의 많은 도시가 파괴되고 수많은 사람이 목숨

- **티무르의 두상**
  티무르는 이란인이 생각하는 가장 잔인한 정복자로, 이스파한을 초토화시키는 만행을 저질렀다.

을 잃었다. 그 가운데서도 이스파한의 피해가 가장 극심했다. 여러 왕조의 수도였던 탓에 진귀한 보물이 많았던 이스파한은 티무르의 눈에 파도 파도 또 나오는 보물창고 같았다. 이스파한을 소중하게 생각하던 이스파한 사람의 저항도 극심했다. 그런데 이런 이스파한 사람을 티무르는 철저히 집요하게 없애나갔다.

당시 살해당한 이스파한 사람은 약 7만 명이다. 이스파한 시내엔 죽은 시체가 산을 이루고 거기서 흘러나온 피로 이스파한의 자얀데 강물이 핏빛으로 물들었다는 얘기가 전해져올 정도로 피해는 참혹했다. 티무르 때만큼은 아니었지만, 이전 몽골의 침입 때도 이스파한은 피해가 컸다. 칭기즈 칸이 항복하는 적에게는 관대했던 반면, 티무르는 물불 안 가리는 잔혹함을 보였다.

이스파한 사람들이 짠돌이라 불리게 된 건 이때부터. 즉 몽골에 호되게 당한 후, 약탈당할 걸 대비해 미리 돈과 음식물을 비축해놓던 버릇이 생겨 짠돌이라는 오명을 받은 것이다.

티무르의 저주를 받은 소련

티무르는 이란 원정을 마무리 지은 후 수도 사마르칸트를 꾸미며 시간을 보내다 말년에 전장으로 다시 돌아왔다. 충분히 쉬어서인지 연전연승이었다. 티무르는 전투에서 한 번도 패배하지 않았다고 전해진다. 그는 칭기즈 칸처럼 대제국을 이끌겠다는 열망으로 중국을 점령하고자 했지만 실패했고 몽골 사절단이 참수당한 우트라르에서 생을 마감했다.

"내가 이 무덤에서 나올 때, 가장 커다란 재앙이 일어날 것이다."

우즈베키스탄의 사마르칸트에 있는 티무르의 검은 관 속에는 이런 문장이 새겨져 있다. 이 문장 때문에 오랜 세월 아무도 관을 열지 않았다.

그러나 1941년 6월 소련이 티무르의 관을 열어 조사를 했는데, 그로부터 정확히 3일 후 독일로부터 침공을 받았다. 이 사건은 소련의 입장에서 제2차 세계대전의 발단으로 보였다. 따라서 당시 소련은 티무르의 관을 연 대가로 '티무르의 저주'를 받았다고 말했다. 이후 소련은 서둘러 티무르의 관이 열리지 않도록 뚜껑을 납으로 용접했고 티무르의 관은 지금까지 한 번도 열리지 않았다고 한다.

800년의 시간이 이란인에게 미친 영향은?

티무르조가 멸망한 뒤 시간이 흐른 후, 세 번째 페르시아 제국 사파비 페르시아 제국이 탄생했다. 아라비아에게 침략을 당했을 때가 7세기 사파비 페르시아 제국이 탄생한 게 16세기이니, 대략 800년간의 암흑기를 보낸 셈이다. 이란인은 이 800년의 시기를 어떻게 생각할까? 영광스러운 페르시아 제국과 비교하며 부끄러운 역사로 생각할까?

곰곰이 생각해보자. 이란인의 힘을 느낄 수 있는 때는 영광스런 페르시아 제국 시기보다 오히려 이 800년간의 시기가 아닐까? 800년이나 지배를 받았어도, 페르시아어를 지키고 더불어 이슬람 문명에 어떤 민족보다도 가장 많이 이바지한 것에 주목해야 하지 않을까?

학자들은 페르시아인이 오랜 세월 버틴 비결은 페르시아의 오랜 문화적 전통과 더불어 그들의 유연성과 역동성 때문이라고 본다.

페르시아의 유연한 대처로, 지배자였던 아라비아·튀르크·몽골은 모두 페르시아인의 통치력에 의존했고 페르시아 문화에 쑤욱 빠져들었다. 동시에 800년 시간의 흔적도 이란 사람에게 고스란히 남았다.

이슬람교를 믿고 아라비아문자를 쓰기 시작했으며 이란 땅은 오랜 전쟁으로 다양한 민족이 사는 민족의 멜팅 팟(인종의 용광로)이 되었다. 더불어 본심을 숨기고 상대를 배려하는 일명 이란식 빈말 문화도 갖기 시작했다. 이란어로 '터로프'라 부르는 이 언어 습관은 이민족 지배자와 직접적인 대립을 피하고 본심을 숨기며 살던 습관에서 유래했다고 전해진다.

04

800년 만의 화려한 부활, 사파비조

현재 이란에서 가장 유명한 관광 도시는 이란 중부에 있는 이스파한이란 도시이다. 잠깐, 앞에서 몽골족과 티무르가 처참히 망가뜨린 도시도 이스파한이라고 했다. 망가진 흔적이 볼거리가 됐을 리가 없고, 이스파한은 어떻게 현재 가장 유명한 관광 도시가 된 걸까? 그건 바로 지금부터 말할 왕조, 사파비 왕조(1501~1736)의 한 왕 덕분이었다.

이란은 800년간 아랍·튀르크·몽골 왕조에 지배받거나 크고 작은 왕조에 의해 쪼개져 존재해왔다. 아라비아가 침략한 후 이란인이 페르시아의 정체성을 가지고 이란 전역을 오랜 기간 다스린 건,

사파비조가 처음이었다. 사파비조 시기, 시아 이슬람이 국교가 되어 점점 더 많은 사람이 시아 이슬람을 믿기 시작했고, 오랜 시간을 버텨온 페르시아 문화가 터져 나와 많은 건축물과 예술 작품이 탄생했다. 오랜만에 이란인이 자랑스러워할 왕조가 등장한 것이다.

종교집단이 나라를 세웠다고?

이란의 영광을 되살려놓은 사파비조는 출발이 특이했다. 사파비 왕조를 만든 이스마일 왕의 할아버지는 사파비 종단이라는 종교집단을 이끌고 있었다. 이 집단의 지지자들이 모여 왕조를 만든 것이다. 나라를 만들 수 있었던 큰 힘이 종교였던 셈이다.

사파비 종단은 시아 이슬람 중에서도 12이맘파를 추종하는 모임이었다. 12이맘파가 뭐냐고? 간단하다. 12명의 지도자를 이맘으로 인정하는 분파이다. 시아 무슬림이라고 하면 12이맘파라고 보면 될 정도로 시아파의 다수를 차지한다. 사파비 종단은 '키질바시'라는 이름의 열렬한 추종자, 쉽게 말해 열렬한 팬클럽을 갖고 있었는데, 튀르크족 7부족이 모여 만든 키질바시는 열렬한 팬클럽이 그렇듯 자신들이 믿는 것을 패션으로 표현했다. 그들은 붉은 터번을 머리에 열두 번 칭칭 감는 식으로 열두 이맘을 지지함을 표현했다. 키질바시는 바로 '붉은 머리'라는 뜻이다.

사파비조 첫 왕 이스마일(재위: 1501~1524)은 열렬한 팬클럽원과 함께 이란 지역을 정복해 결국 사파비 제국을 탄생시켰다.

이스마일 왕이 한 번도 웃지 않은 이유

이스마일 왕이 다스리던 당시 동서에 버티고 있던 나라는 터키의 전신 오스만 제국과 인도였다. 참고로 인도를 다스리던 바부르 왕은 악명 높았던 '티무르'의 후손이었다! 다행히 바부르 왕은 조상 티무르와 달리 평화와 예술을 사랑해 사파비 제국과 별 트러블이 없었고, 오스만 제국이 문제였다. 오스만 제국은 당시 이슬람 세계를 대표하는 강국으로 문제는 수니파 제국이었다. 종교가 도대체 뭐기에! 종교 자체가 문제라기보다는 종교와 찰떡처럼 붙어 있는 두 나라의 힘겨루기가 갈등을 일으켰다. 아무튼 오스만 제국의 눈에 시아파를 내건 사파비 제국은 이단이었고, 눈에 거슬린 존재였다. 그렇다면 그다음은? 전쟁이었다.

오스만 제국이 사파비 제국을 먼저 공격했고, 그들은 '찰디란'에서 차디찬 전쟁을 벌였다(1514). 결과는 오스만 제국의 승리! 신식 무기를 도입해 최신 총기류로 무장한 그들과 달리, 사파비군은 민망할 만큼 무기 수준이 초라했다. 칼과 활이 무기의 전부였다.

이스마일 왕은 나름 자신감이 있었다. 20여 년 만에 이란을 정복한 터라 승리에 익숙했기 때문이다. 그래서인지 그는 자신의 군대가 오스만군의 날렵한 총기에 하릴없이 쓰러지고, 수도 타브리즈가 함락되자 큰 충격을 받고 말았다.

전해진 바에 따르면 그는 이후 한 번도 웃지 않았다고. 웃음을 참는 게 얼마나 어려운지 생각해보면, 이스마일이 얼마나 충격을 받았는지 짐작이 간다. 이스마일 왕은 자존심에 상처를 입는 것뿐만 아니라 명예도 땅끝으로 추락했다. 이스마일 왕은 병사들이 전쟁에 나가 그의 이름을 수없이 중얼거릴 정도로 '신'처럼 받아들여지고 있었는데, 찰디란 전쟁에서의 패배로 그도 불완전한 인간임을 여지없이 보여준 꼴이 된 것이다.

이스마일 왕 후계자 타흐마습 왕(재위: 1524~1576) 때도 상황은 좋지 않다. 타흐마습 왕은 초등학교 3학년 나이인 열 살에 왕이 된 후 키질바시 어른들(?)에 의해 휘둘렸던 터라 왕궁 안 상황은 혼란 그 자체였다. 허약한 왕을 둘러싸고 어른들의 싸움, 또 싸움…… . 왕궁 상황이 이러니, 전쟁에도 속수무책이었다. 우즈베크족에게 아프가니스탄의 헤라트를, 오스만 제국에게 이라크를 빼앗겼다. 사파비 제국의 땅은 점점 작아지고 있었다.

한편 이스마일 왕은 이란인이 조심스레 믿어오던 시아 이슬람을 국교로 정했다. 몽골 지배자들이 이란을 짓밟긴 했지만, 종교적으로는 숨통을 트이게 해주어 시아 이슬람이 확산되는 발판을 마련해준 면도 있었다. 그러나 그가 시아 이슬람을 국교로 정했을 때엔 시아 이슬람을 믿는 이란인이 그리 많지 않았다. 그는 시아 이슬람을 수니파 이슬람에 대적하는 페르시아만의 이슬람으로 만들고 싶었는지, 시아 이슬람을 퍼뜨리려 혼신의 노력을 다했다.

그는 "세 명의 칼리프(아부 바크르·우마르·우스만)는 알리에게 계승권을 뺏은 것일 뿐이다!"라고 사원에서 규탄하는 시아파 관행을 부활시켰고, 신학교에 신학책이 형편없이 적은 걸 보고 외국에서 신학 교사와 교재를 구해왔다. 더불어 시간이 흘러 이맘을 비롯한 시아파 성인들 무덤 순례, 첫번째 지도자 '알리'와 사고로 비참하게 죽은 세 번째 지도자 '후세인'에게 열정적으로 애도하기 등, 시아 이슬람만의 행동강령 'To Do List'가 만들어진 것도 수니파 관행을 없애고 시아파 관행을 부활시키려는 이스마일의 노력 덕분이었다. 시아파 최대 종주국 이란의 출발은 이러했다.

그런데 잠깐, 이란이 시아파 최대 종주국이라는 건 무슨 말일까? 대부분의 중동 국가는 한 나라에 수니파와 시아파가 섞여 있다. 이란은 자국 무슬림 중 94퍼센트가 시아파라 시아파 최대 종주국이 됐고, 반대로 사우디아라비아는 자국 무슬림 중 90퍼센트가 수니파라 수니파 최대 종주국으로 불린다. 이란과 사우디아라비아가 중동의 맹주를 다투는 경쟁 상대가 된 건 바로 이 때문이다. 그러나 이란과 사우디아라비아와 달리 다른 중동국가들은 두 종파가 불안한 비율로 섞여 있는 통에 많은 분쟁을 치르게 되었다. 그러다보니 때로는 이 분쟁이 국가 간, 또는 국제적인 분쟁으로 번지기도 한다. 최근 문제가 되는 시리아 내전이 그런 경우이다. 복잡하기만 한 중동 내전은 '종파'를 명분으로 한 '힘의 전쟁'으로 보면 조금 쉽다. 다시 돌아와 우리로 치면 왕이 우리에게 불교를 믿어야 한다, 크리스트교를 믿어야 한다고 간곡히 외치는 꼴이니, 낯설게 느껴지지만 우리나라도 삼국 시대·고려 시대·조선 시대 때 불교와 유교를 이용해 백성의 힘을 모으고 통치를 했던 걸 생각해보면 그리 새로운 것만도 아니다.

덕분에 성직자들은 이스마일과 타흐마습 왕을 거쳐 보조금과 연금을 받으며 '무소유'는커녕 부유하고 힘이 센 사파비조의 권력자로 변해갔다. 나중에는 대지주들이 기부한 땅을 관리하며 상당한 수수료를 받았고, 높은 종교세금을 받았으며 면세 토지까지 받았다. 더불어 교육기관과 행정기구의 요직에 임명됐고 왕에게까지 영향력을 행사하는 명실상부 최고 권력자가 되었다.

05

다시 찾아온 영광, 그리고 이후

타흐마습 왕은 허약한 왕이었다. 군대를 만들었지만, 기 센 키질 바시 어른들 견제에 실패했고 어른들의 간섭과 오스만 제국의 침입을 피하기 위해 수도를 타브리즈에서 가즈빈으로 옮겼을 뿐이다. 타흐마습의 아버지 이스마일도 비슷했다. 시아 이슬람을 국교로 삼아 종교로 국민의 마음을 하나로 모으는 데는 성공했지만, 강력한 통치에 필요한 군대와 행정 시스템을 만드는 데는 실패했다.

　이런 혼란스러운 나라를 진정시킨 왕이 등장했으니, 그는 우리의 '세종 대왕'처럼 대왕으로 불리며 존경받는 '아바스 대

· 이맘 광장 풍경
1979년 유네스코 세계유산으로 지정된 이맘 광장엔 사파비 제국의 궁전과 모스크가 그대로 남아 있어 당시의 분위기를 느끼게 한다.

왕'(재위: 1587~1629)이다.

아바스 대왕의 눈에 띄는 첫 번째 업적은 '이란 기 살리기'였다. 그는 새 군대 '굴라만 부대'를 만든 후, 영국에서 초빙한 군사 전문가의 조언으로 무기와 전술을 근대화하여 우즈베크를 무찌르고 오스만 제국에게 20년의 시간을 들여 이라크를 되찾고, 이란을 공격한 포르투갈을 무찌르는 등 눈부신 정복 행진을 벌였다(1620). 현재 이란의 대표적인 무역항은 남부에 있는 반다르 아바스이다. 아바스 대왕이 포르투갈을 내쫓은 곳이 반다르 곰브룬으로, 이 전쟁을 계기로 이곳은 반다르 곰브룬에서 반다르 아바스(아바스의 항구)라는 이름으로 바뀌었다. 참고로 이 시기 식민지를 찾는 데 혈안이 돼 있던 유럽 국가들, 이를테면 포르투갈을 비롯해 에스파냐·영국·프랑스·네덜란드는 이란을 사이에 두고 경쟁을 벌였다.

아바스 대왕의 '이란 기 살리기' 정복 사업도 물론 훌륭했지만, 진정한 업적은 다른 곳에 있었다. 그는 수도 이스파한을 우아하게 만든 일등공신이었다. 각지에서 훌륭한 건축가를 불러 이스파한에 아름다운 궁전·학교·모스크를 차례차례 지어나갔다. 그중에서 궁전과 모스크로 둘러싸인, 세계에서 두 번째로 큰 광장 '이맘 광장'과 인근 풍경은 지금 봐도 너무나 아름답다. 페르시아 제국에 온 느낌이 물씬 든다.

더불어 아바스 왕은 나라를 부유하게 만들기 위해 하나의 묘책을 썼다. 그는 이란 북서쪽 졸파라는 곳의 부유한 비단 상인 아르메니아인들을 이스파한으로 끌고 와 비단을 팔게 했다. 이스파한에 돈이 돌게 하기 위해서이다. 왕은 아르메니아인에게 세금을 줄여주고, 스스로 자치를 허락하는 등 여러 혜택을 주었다. 교회도 지어 주었음은 물론이다. 이렇게 사파비 왕조 동안 이스파한엔 교회가 무려 열세 개나 지어졌다.

이스파한에 있는 졸파·신 졸파는 이렇게 만들어졌으며, 지금도 교회가 남아 있다. 크리스트교도인 아르메니아인이 이쪽으로 오니 자연스레 크리스트교 선교사와 아르메니아인과 종교적으로 가까운 유럽인도 이스파한으로 쏟아져 들어왔다. 자연스레 비단 무역을 비롯해 카펫, 직물 무역이 발달했고 이스파한은 점점 큰 국제 무역도시로 커갔다. 이 때문에 사파비조 당시 성직자와 함께 상인들의 힘도 날이 갈수록 세졌다.

이스파한에서 엿보는 페르시아 시장

페르시아 하면 유명한 상품이 뭘까? 바로 카펫이다. 카펫은 이란에서 아케메니아 페르시아 제국 때 처음 바닥 깔개에서 예술품으로 업그레이드된 뒤 역사에 따라 다양한 색깔과 무늬를 품으며 발전했다. 사산 왕조 때 그 유명한 '호스로의 봄' 카펫은 앞에서 얘기했고, 아라비아가 침략한 뒤엔 아라베스크(아라비아풍) 무늬로 만들었고 튀르크족 침략 뒤에는 터키식 매듭으로 카펫을 만들었다.

세계에서 가장 유명한 카펫, 페르시아 카펫을 이렇게 유명하게 만든 이는 바로 아바스 대왕이다. 아바스 왕은 왕실 직속 카펫

• 이스파한 시장의 카펫 가게
사파비 왕조 시기 더 정교해지고 아름다워진 카펫 예술품을 이스파한 시장 곳곳에서 구경할 수 있다.

공장을 만들어 카펫 장인·화가·시인을 한데 모아놓고 이들이 함께 카펫을 만들게 했다. 요샛말로 하자면, 콜라보레이션(협업) 작업이 이루어진 격이다. 그전까지 카펫은 일반인이 디자인해서 뚝딱뚝딱 만들었는데, 화가들이 디자인을 맡으면서 카펫이 실로 짠 그림처럼 아름다워진 것이다.

사파비 왕조 때 이런 카펫 예술뿐만 아니라 직물 예술·금속공예·서적 장식 등 갖가지 예술이 더 정교해지고 아름다워졌다. 사파비조 예술의 또 하나의 걸작은 다양한 색의 타일과 모자이크

타일을 사용한 건축물이다. 이스파한의 모스크를 장식한 타일 예술은 정말 입이 떡 벌어진다.

이스파한 이맘 광장과 주변의 공예품 가게에서 이 모든 예술품을 감상하고 구입할 수 있다. 나중에 기회가 되면 꼭 가보자.

왕의 아킬레스건과 사파비조의 멸망

아바스 왕은 여러모로 사파비 제국을 발전시킨 훌륭한 왕이었지만, 딱 하나 단점이 있었다. 그건 바로 의심과 불안이 많았다는 것이다. 자신에게 위협이 될까 동생을 장님으로 만들고, 아들을 죽이기까지 했다. 아들들이 자신에게 위협이 될까 하렘에서 키웠다고 하는데, 아바스 대왕의 맘은 편했을지 몰라도 사파비조에게는 불행이었다. 하렘 안에서 멍청해진 왕자들은 왕이 된 후에도 환관이나 궁중 여인의 치마폭 아래 싸여 있었기 때문이다.

아바스 왕이 죽은 후 사파비조는 내리막길을 걸었다. 그러나 성직자들의 힘은 나날이 세져 급기야 자신들이 나라를 다스려야 한다고 주장했다. 왕 입장에서 보자면 은혜를 원수로 갚는 격!

이란을 멸망시킨 것은 속국인 아프간이었다. 왕 술탄 후세인은 부랴부랴 군대를 보내 아프간을 무찌르려 했지만 허약한 사파비조의 실패였다. 이스파한은 아프간에 포위됐고 왕은 몇 달 후 결국 항복을 외쳤다. 아프간 군대는 기다렸다는 듯이 이스파한으로 쏟아져 들어왔고 이스파한의 많은 귀중품을 빼앗았다. 사파비조의 끝이었다.

사파비조는 이렇게 200년 만에 사라졌지만, 800년 만에 페르시아를 부활시킨 왕조였다. 아라비아·튀르크·몽골이라는 거대한 바람에 맞서 꼿꼿이 버티다 기어코 만들어낸 그들만의 국가. 800년이면 100년이 여덟 번이나 지나야 하는 세월이니, 이렇게 긴 시간을 건너 다시 자신들의 나라를 만든 건 아무리 봐도 대단하다고 말할 수밖에 없다.

사파비조는 지금 이란의 틀을 만든 나라였다. 이란인이 만든 나라이고, 시아 이슬람을 국교로 내걸었으며 뛰어난 페르시아문화를 만들었고 지금까지도 이란에서 힘이 센 성직자와 상인이 무럭무럭 커나갔던 시기이다. 이 두 세력은 나중에 이란 근·현대사에 중요한 일을 벌이는데, 그건 뒤에서 차차 얘기하기로 하자.

800년 만에 통합된 국가를 만든 이란은, 다시는 외국의 지배를 받고 싶지 않았겠지? 몇 번의 고비가 있긴 했지만, 다행히 그 바람은 지금까지 유지되고 있다.

세계에서 가장 큰 다이아몬드를 쥔, 전쟁의 신

세상에서 가장 오래된 다이아몬드는 '코이누르'라는 다이아몬드로 영국 여왕의 왕관에 붙어 있는 다이아몬드이다. 108캐럿짜리 다이아몬드는 1526년 인도 무굴 제국의 왕 바부르의 손에 들어온 후 인도와 페르시아의 왕 사이를 왔다갔다 하다 1980년 영국으로 옮겨졌다.

이 다이아몬드를 두고 인도와 페르시아의 왕이 수차례 싸움을 벌여 피 묻은 다이아몬드라는 별명이 붙은 코이누르는 다음과 같은 전설이 내려온다. 이것을 소유한 자는 세계를 지배하지만 남성은 착용하면 안 된다는 전설이……. 이 코이누르를 손에 쥔 이란의 왕 나디르 샤(재위: 1736~1747)는 사파비조 이후 아프사르조(1736~1796)를 세웠지만, 아니나 다를까. 이란을 오래 다스리지는 못했다.

사파비조 말기 나디르는 암울했던 이란의 구세주였다. 당시 농민들은 가난했고 세금은 철근같이 무거웠으며 무역업에도 파리만 날렸다. 유럽인이 지리상의 발견으로 중동을 거치지 않고, '바닷길'로 인도와 중국으로 가기 시작했기 때문이다. 엎친 데 덮친 격으로 당시 왕 술탄 후세인은 시아파 광신도여서 수니파들을 못살게 굴었고 프랑스와 굴욕적인 무역협정을 맺는 등 도움

보다 방해만 되었다.

이때 등장한 이가 있었으니, 전쟁의 천재 '나디르'였다. 작은
도시의 지방 사령관이었던 그는 지긋지긋한 아프간군을 이란에
서 내쫓아주었다. 그러고는 오스만과 굴욕적인 평화조약을 맺은
사파비 왕을 쫓아내고 오스만에게서 뺏긴 아제르바이잔과 조지
아를 되찾아왔다. 나디르는 이란 사람들에게 구세주 그 자체였다.

그는 아프사르라는 자신의 왕조를 세운 뒤에도 계속 전쟁에 몰두했다. 이만하면 전쟁의 천재가 아니라 전쟁 중독증 환자였다. 그는 나라를 다스리는 12년간 대부분 전장에 있었다. 인도에서 코이누르를 뺏어온 것도 아프간과 전쟁 중 인도로 도망간 아프간 지도자를 추격하다 무굴 제국을 정복하게 되면서였다 (1739). 나디르는 이때 '코이누르'를 포함해 인도에서 많은 보물을 약탈했다. 3년간 국민에게 세금을 부과하지 않았을 정도로 그 양은 어마어마했다.

전쟁으로 흥한 자, 전쟁으로 망하리라! 그는 전쟁에 몰두하느라 나라 문제에 신경을 못 썼고 결국 아프사르 왕조는 60년 만에 힘없이 무너지고 말았다. 나디르 샤의 몰락은 코이누르의 저주라기보다는 전쟁광의 몰락이었다.

가장 겸손한 왕이 가져온 짧은 태평성대

수도 테헤란에서 남쪽으로 800킬로미터 떨어진 이란 도시 시라즈는 근처에 아케메니아 페르시아의 유적지 페르세폴리스, 파사르가데, 나그시에 로스탐이 있어 관광객이 꼭 들르는 도시이다. 더구나 이곳은 이란의 유명한 시인 '하페즈'와 '사디'의 아름다운 무덤이 있는 시와 꽃의 도시이기도 하다. 한데 이 도시엔 특이한 점이 있다. 시장이건 모스크건 거리건 목욕탕이건 다 '바킬'(vakil)이라는 이름이 붙어 있다.

바킬은 우리말로 '부왕' 또는 '섭정자'라는 뜻으로, 아프사르 왕조에 이어 이란을 다스린 잔드조(1750~1794)의 왕 명칭이다. 잔드조의 창시자 카림 칸 잔드(재위: 1750~1779)는 자신을 왕이 아닌 (사파비 왕조의)대리인이라 불러달라고 했을 만큼 겸손한 왕이었다.

카림 칸 잔드는 혼란스러운 아프사르조 치하, 세력을 다툰 여러 지방 군벌 출신 중 한 명으로 그가 이란 대부분을 정복해 잔드조를 만들었다. 잔드조 영토는 사파비 제국의 반 정도였다고 하는데 어떤 나라보다도 안전하고 평화로웠다. 유일하게 치른 오스만과의 전쟁에서도 승리했다고 하니, 작지만 알토란 같은 나라였던 셈이다.

잔드는 사파비조를 교훈 삼아 통치한 것처럼 사파비조 때 미흡한 점은 잘하려 노력했고, 사파비조에서 잘한 것은 본보기로 삼았다. 바닷길로 나선 유럽 국가들, 이를테면 영국·프랑스와 무역협정을 맺어 나라에 돈이 쌓이도록 노력했고, 농민을 위해 관개시설도 만들어주고 땅값과 세금을 낮춰주었다. 수공업자를 위해선 도자기 공장·유리 공장을 지어주었다. 더불어 시라즈시에 길과 공원을 만들어 아름답게 꾸미고 수많은 건축물을 세웠다.

지금 시라즈시에 남아 있는 아름다운 시인의 무덤·바킬 시장·바킬 모스크·바킬 목욕탕·카림 칸 요새 등은 이때 만들어진 건축물이다.

카림 칸이 죽은 뒤에 잔드조는 어두워졌다. 카림 칸의 후계자 로트프 알리칸(재위: 1789~1794)은 잔드조를 일으켜 세우려 노력했지만, 카자르족 출신 아가 무함마드 칸이 제동을 걸었다. 그는 아프사르조 치하 또 다른 군벌 카자르족 장군의 아들이었다. 그는 쉬라즈를 공격한 후 로트프 알리 칸을 쫓아 케르만시(市) 성안으로 쳐들어간 뒤 로트프 알리 칸을 처형했다. 전해지는 이야기에 따르면 그는 2만 명에 달하는 케르만 남성을 맹인으로 만들었고, 부녀자를 카자르군의 노예로 만들었다.

잔인한 아가 무함마드 칸은 이후 카자르 왕조를 설립한다. 이란의 굴욕적인 왕조, 카자르조의 출발은 이러했다. 이란은 왜 다시 굴욕적으로 돼버렸을까? 겨우 독립했는데 외래 왕조에 의해 지배를 또 받은 걸까? 맞다고도 할 수 있고 아니라고도 할 수 있다. 자, 어서 카자르 왕조 시대로 넘어가보자.

이란인의 알쏭달쏭 언어습관이
800년간 암흑기 시절의 영향이라니!

이란 역사의 800년간의 암흑기는 이란인에게 고스란히 영향을 미쳤다. 많은 학자들이 이란인의 고유한 언어습관이 이때 만들어진 것이라고 생각한다. 무슨 말인지 감이 안 잡힌다고? 우선 이란인의 언어습관이 어떤지 알아보자.

이란인의 대표적인 언어습관으로 '터로프'라는 게 있다. 터로프는 우리말로 빈말 또는 체면 문화로 자신을 낮추고 상대방을 높여 본인 체면도 지키고 상대방도 존중하는 일종의 언어 에티켓이다.

가장 대표적인 터로프로는 "거벨리 나더레!"로, 물건을 사고 돈을 낼 때나 택시요금을 낼 때 상점 주인이나 택시 기사에게 꼭 듣는 말이다. 이 말을 번역하자면, "가치가 없어요!"란 뜻으로 당신에 비하면 이 돈은 가치가 없다는 말이다. 보통 이 말을 두세 번 하면서 돈을 안 받으려는 듯하지만, 정말로 돈을 안 받겠다는 건 아니다. 형식적인 거절이니 돈은 꼭 지불해야 한다.

이란 여행 중에 이런 언어습관에 부딪히면, 이해하고 가볍게 넘어가면 되지만 비즈니스 파트너라면 협상하는 게 쉽지 않다. 협상 테이블에서 모호한 설명과 본심을 숨긴 말로 상대방을 혼란스럽게 할 수도 있기 때문이다.

학자들은 이란인이 세 민족의 왕조에게 지배를 받은 경험으로 언제 목숨과 재산을 빼앗길지도 모른다는 두려움 때문에 속마음을 직접적으로 표현하기보다 우회적으로 표현하게 됐다고 본다. 더불어 '시아 이슬람'이 비주류 이슬람이라, 위험한 상황에서 자신의 신앙심을 감추는 '타기예'라는 습관도 이런 언어습관에 영향을 미쳤다.

그러나 이런 역사 속에서 형성된 '터로프'는 동시에 페르시아 문화를 지켜주는 비결이 되기도 했다. 이란인의 우회적인 언어습관으로 침략자와 직접적인 대립이 줄어 페르시아 문화를 지켜낼 수 있었던 것이다. 세상에는 반드시 좋은 것도 반드시 나쁜 것도 없는 셈이다.

페르시아인 우월주의

이란인은 본인들의 역사와 문화에 자부심이 높기로 유명하다. 이슬람 문명을 풍요롭게 한 이슬람 문명의 '핵심 브레인'은 이란인이었다. 더불어 자신들을 지배한 많은 왕조도 이란화되었으며, 풍요로운 문화적 자산으로 800년의 세월에도 결국 자신들의 나라를 만들어냈다.

이란인은 이런 역사에 자부심을 가지고 자신들이 아라비아 민족보다 우월하다고 생각한다. 아라비아 민족이 이슬람 탄생 전엔 전쟁만 하던 미개한 민족이었던 반면, 본인들은 이미 그때 제국을 경영하고 풍요로운 문명을 만들었다는 것이다.

이런 우월감을 본격적으로 드러낸 사건이 아바스조(이슬람 제국) 때 발생한다. 슈우비야 운동이 그것이다. 슈우비야는 아라비아어로 종족·인민을 뜻하는 슈우브에서 유래된 언어로, 한마디로 아라비아 지상주의에 대한 비아라비아인의 문화적 저항운동이다.

특히 문화 수준이 높았던 이란인이 앞장섰다. 이들은 심해도 너무 심한 아라비아우월주의를 참다 못해, 아라비아 왕조의 약점인 이들의 문화 수준을 지적하며 이슬람 문화 형성에 본인들을 비롯한 다른 민족들이 얼마나 많이 이바지했는지를 설파했다.

그러나 슈우비야 운동은 치고 박고 싸우는 운동이라기보다 당시 학문어인 아라비아어로 상대방 민족의 미덕과 우열을 논쟁하는 우아한 철학 논쟁이었다고 한다. 이란인의 우수함을 인정하고, 페르시아의 제도를 수용한 압바시야 제국이었으니, 이런 분위기가 모락모락 피어나는 것은 당연했다.

이란 역사를 읽다보면, 자칫 페르시아인이 아라비아 민족보다 뛰어나다고 생각해버리기 쉽다. 그러나 어떤 민족이 더 뛰어나다고 결론 내리기보다는, 페르시아인이 왜 그토록 풍요로운 문명을 만들고 800년의 세월을 버틸 수 있었는지 그 비결에 집중하는 게 좋지 않을까?

●

850년 만에 부활한 사파비조로 이란은 거칠게나마 현재 이란의 틀을 만들었다. 그러나 지금 이란의 모습을 갖게 될 때까지, 이란이 거친 근현대의 시간은 녹록지 않았다. 850년의 시기보다 더 굴욕적인 시간도 있었고 지금으로서는 상상하기 힘든 서구적이고 모던한 시간도 있었다.

동시에 이 시기 이란에 찾아온 급격한 변화는 여러 부작용을 일으켰고, 해결되지 않은 문제는 쌓이고 쌓여 결국 거대한 변화를 탄생시켰다. 이란은 이 시기 어떤 굴욕을 겪었고, 어떻게 근대화 과정을 밟았으며, 어떤 거대한 변화를 맞았을까? 자, 이란이 지금의 모습을 갖게 된 이유를 이 장에서 함께 찾아보자.

●

제4장

좌절과 변화의 시대

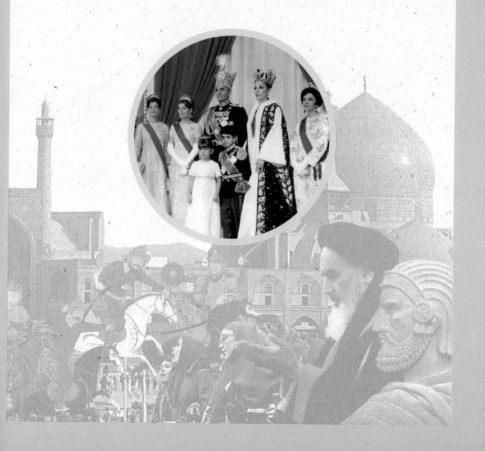

01

이란 역사상 가장 굴욕적인 시절, 카자르조

이란 지도를 보자. 이란 북서쪽에 아제르바이잔과 아르메니아, 조지아 이 세 나라가 다닥다닥 붙어 있다. 이 지방을 코카서스 지방이라고 한다. 러시아와 이란 사이에 낀 이 코카서스 지역은 한때 이란 땅이었다. 이란 동쪽 아프가니스탄 일부도 한때 이란 영토였다. 그러나 지금부터 들려줄 카자르조 시대(1794~1925) 때 이 땅이 뚝 떨어져 나갔고, 이란은 지금의 영토에 이르게 됐다.

카자르조, 아니 이란 영토를 지금 크기로 만들어놓은 주역은 다름 아닌 러시아와 영국이었다. 카자르조 내내 이란을 흔들어놓은 나라도 바로 이 두 나라. 오랜 세월을 딛고 부활한 이란이 어쩌다 또 이런 신세가 됐을까?

골레스탄 궁전에 담긴 카자르조의 역사

테헤란에서 가장 오래된 건물은 골레스탄(Golestan) 궁전 건물이다. 400년 된 이 건물은 사파비 왕조 때 요새로 지어졌지만 아가 무함마드 칸이 이곳을 궁전으로 바꾸었고, 이후 오랜 시간 카자르 왕조의 궁전으로 쓰였다. 이 건물은 페르시아의 양식과 유럽의 양식이 묘하게 결합된 궁전이라 평가를 받는데, 그도 그럴 것이 궁전의 한 홀 천장엔 거대하고 화려한 샹들리에가 걸려 있고, 바닥엔 붉은 페르시아 카펫이 깔려 있다. 골레스탄 궁전은 유럽 중에서도 특히 영국과 러시아에 큰 영향을 받았던 카자르조의 역사를 그대로 보여주고 있다. 좋은 말로 영향이지, 실은 굴욕의 연속이었다.

이슬람 문명의 황금기를 누리던 중세가 막을 내린 후 찾아온 18세기는 유럽의 시대였다. 유럽은 산업혁명을 거쳐 풍요로운 생활을 누리고 있었고 남아도는 돈을 쓸 식민지를 열심히 찾아다녔다. 영국은 자원도 인구도 많고 땅도 넓은 '영국 제국주의의 꽃' 인도를 식민지로 만든 후 인도로 가는 길목인 이란에 관심을 갖기 시작했고, 러시아는 남쪽의 존재감 있는 나라에 일찌감치

* **골레스탄 궁전**
  페르시아 예술과 유럽의 양식이 어우러진 골레스탄 궁전은 유럽의 영향을 많이 받았던 당시 18세기의
  분위기를 보여주는 상징적인 건축물이다.

관심이 많았다. 여기에 프랑스도 가세해 이란을 흔들어놓았다.

아가 무함마드 칸은 잔드조를 멸망시키고 이란 남부를 휩쓴
후, 이란 북부에 있는 아제르바이잔·아르메니아·조지아를 자신
의 영토로 만들었다. 이란 동부도 냉큼 정복했다. 그는 드넓은 땅
을 점령하고 자신에게 페르시아의 유명한 자화자찬 칭호 '왕 중
왕'을 선사했지만, 때아닌 곳에서 적을 만나고 말았다.

인간의 운명이란 알 수 없는 법. 이란 전역을 정복했지만, 그는
하인의 손에 암살당하고 말았다(1797). 전쟁에만 몰두하지 않고

백성의 삶을 챙기기 위해 노력했다고 알려진 카자르조의 첫 왕은 그렇게 세상을 떠났다.

파트 알리, 이란을 영·프·러의 한 '파트'처럼 만든 왕

아가 무함마드 칸의 조카이자 후계자 파트 알리(재위: 1797~1834)는 삼촌처럼 강인하지 못했다. 왕좌에 앉은 뒤에도 얼마나 불안해했는지 왕이 되는 데 힘쓴 재상까지 나중에 위협이 될 수 있다고 생각해 제거해버렸다. 그런 그가 나라를 잘 통치했을까?

파트 알리 통치 시기, 이란은 강대국들의 한 '파트'가 된 것처럼 심하게 간섭을 당하던 시기였다. '해가 지지 않는 나라' 영국, 나폴레옹이 왕이 된 뒤 강국이 된 프랑스, 이란 북쪽의 거대한 나라 러시아. 이란은 이 세 나라와 약속과 배신을 거듭하며 만신창이가 되어갔다.

영국과 러시아는 그렇다 치고, 프랑스는 왜 이란에 관심을 둔 걸까? 사실 프랑스가 목표로 한 곳은 영국의 식민지 인도와 러시아였다. 이란은 이 두 나라와 가깝다는 이유로 중요해졌고 한동안 세 강대국의 '치고 빠지기' 전략으로 많은 영토를 잃고 말았다. 프랑스는 이란과 러시아가 전쟁을 벌이기 전, 군사를 보내주겠다는 협정을 맺었지만 정작 이-러 전쟁이 발발했을 때 프랑스는 못 본 척했다. 영국도 비슷했다. 영국은 이란이 인도가 영국의 식민지임을 인정해주는 조건으로 돈과 군대를 지원해주기로 약속했지만, 프랑스의 경우처럼 약속을 지키지 않았다.

이란이 힘없이 프랑스·영국과 협정을 맺고 있을 때 러시아는 이란 북쪽 코앞까지 군사를 보내더니, 결국 전쟁을 일으켰다. 당시 황태자 아바스 미르자까지 나서서 러시아와 싸웠지만 역부족이었다.

영국은 궁지에 몰린 이란을 돕나 싶더니, 프랑스가 러시아를 침략하자 갑자기 돌변했다. 갑자기 러시아와 손을 잡더니, 이란에게 러시아와 협정을 맺으라고 설득한 것. 자신들의 이익을 위해 돌변하는 강대국들 사이에서 이란은 우왕좌왕하다가 영국이 강요해 러시아와 맺은 골레스탄 협정(1813), 또 한 번 러시아와 전쟁을 벌여 실패한 뒤 맺은 투르크만차이 협정(1828), 이 두 협정을 맺고는 카프카스 지역 전체를 뺏기고 말았다.

점점 작아지는 이란의 영토

방금 말한 굴욕의 역사는 시작에 지나지 않는다. 세 번째 왕 무함마드 샤(재위: 1834~1848)가 영국의 방해로 아프가니스탄의 헤라트를 빼앗긴 뒤 제4대 왕 나시르 알 딘 샤(재위: 1848~1896) 때인

1856년 이란은 러시아의 지원을 받으며 다시 헤라트를 공격했다. 여기에 영국이 가세해 일어나게 된 일명 영국-페르시아 전쟁(1856)은 사실 러시아와 영국의 전쟁이었다. 왜 러시아는 이란을 도와준 거며 영국은 왜 이 공격에 자꾸 끼어든 걸까? 러시아는 이란으로 하여금 아프가니스탄을 점령해 추후 자신들이 인도로 편하게 가려는 꿍꿍이였고, 영국은 아프가니스탄을 이런 러시아를 막기 위한 보루로 생각하고 있었다.

이란은 결국 이 전쟁에서 패배했고, 파리 강화협정(1857)으로 아프가니스탄은 독립하고 말았다.

이후 여러모로 쇠약해진 이란은 1881년 러시아에게 다시 현재 투르크메니스탄의 일부를 잃고 말았다. 정리해보면 70년에 걸친 러시아·영국 두 나라와의 전쟁으로, 이란은 조지아·아르메니아·아제르바이잔·투르크메니스탄·아프가니스탄·파키스탄의 전부 또는 일부를 뚝 떼어주고 말았다. 이란의 영토가 지금에 이르게 된 건 바로 이 때문이다.

'영국 사람'에게 나라를 털릴 뻔했다고?

전쟁으로 영토를 빼앗긴 것은 어쩔 수 없다. 힘의 싸움에서 진 것이니……. 그러나 이란이 한 나라가 아닌 개인을 상대로 굴욕적인 계약을 맺었다면? 그런 비극이 일어난 건 나시르 알 딘 시기였다. 그는 무려 두 번이나 영국인에게 특혜를 주려다 곤혹을 치렀다.

첫 번째는 로이터라는 남작에게 준 특혜이다(1872). 그는 로이터 남작에게 약간의 지분과 돈을 받는 대가로 철도를 건설할 권리인 철도 부설권, 광물과 산림, 은행, 지하수로 등의 이익 독점권을 주었다. 듣기만 해도 이건 개인이 아닌 한 나라가 가질 규모! 영국은 이 계약이 로이터의 개인적인 일일 뿐이라며 모른 척했지만 반발은 거셌다. 러시아도 흥분해 반발했고, 이란 국민도 전국적인 시위를 벌이며 저항했다. 이 계약은 당시 카자르 왕조의 정치인 두 명이 일정한 대가를 받고 추진한 일이라고 전해지는데, 혹자는 이들이 러시아의 손길에서 이란을 구하고 이란을 현대화시키기 위해 어쩔 수 없이 선택한 일이라 보기도 한다. 어찌 됐든 당시 이란은 한 개인과 계약을 맺을 정도로 나라 상황이 어지럽고 변화가 절실한 상황이었다.

그런데 로이터라는 이름 뭔가 낯이 익다. 로이터 남작은 바로 그 유명한 영국의 국제통신사 '로이터 통신'의 설립자라는 사실!

두 번째 계약은 탤벗이라는 영국인과 맺은 담배 전매 특혜 계약이다(1890). 쉬운 말로, 모든 이란산 담배를 독점 판매할 권리를 받았다는 뜻이다. 이란은 해마다 일정한 돈과 이익의 4분의 1을 받는 대가로 이란 담배 농부들이 담배를 판매할 권리를 모두 탤벗에게 주려고 했다. 그러나 이 계약이 시행되기도 전에 이란 곳곳에서 반대 시위가 일어났다. 시위를 주도한 사람은 사파비조 이래 힘이 세진 성직자들. 성직자들의 우두머리 격인, 당시 종교 지도자가 파트와(성직자가 샤리아 법에 근거하여 법 해석을 내리는 것)를 내려 이란 사람들에게 담배를 피우지 말라고 명령했다. 이란인은 그의 말을 받들어 물담배를 깨뜨리고 담배에 불을 질렀다. 이에 생각보다 상황이 심상치 않은 걸 느낀 나시르 알 딘은, 결국 이 계약을 취소해버렸다.

02

변화와 좌절

1852년 1월 10일, 이란 중부 도시 카샨의 아름다운 핀 가든, 이 건물 목욕탕에서 한 남자가 살해당했다. 그의 이름은 아미르 카비르, 카자르조 시대의 유명한 개혁가였다. 그는 정부가 보낸 자객에게 끝내 살해당했다. 그는 누구였고, 왜 살해당한 걸까?

우선 그 얘기를 하기에 앞서, 앞에서 굴욕적인 두 번의 계약을 체결한 나시르 알 딘 샤 얘기를 마저 해보자. 그는 놀랍게도 자신의 여행 경비를 대기 위해 특혜를 줬다고 알려져 있지만, 속사정은 조금 다르다. 그는 카자르조의 변화를 누구보다 바라던 사람이었다. 그는 이란이 근대적으로 변해야 나라가 강해진다고 믿어 전기신호를 이용해 소식을 주고받는 전신과 서구식 우편 체계를 도입했고 도로망을 넓혔으며, '다르 알프눈'이라는 최초의 근대적 교육기관을 설립하고 이란 최초의 신문 '거예에 에테퍼기'를 발행했다. 더불어 서구의 과학·기술·학문을 이란에 가져와 전수했다. 나라 구석구석 소통이 잘되고, 국민이 똑똑해져 나라가 강해지길 바랐던 것. 역사의 인물을 한쪽으로만 몰아서 생각해서는 안 되겠지?

나시르 알 딘 샤 자체도 유럽여행을 즐길 정도로 개방적이고 개혁적인 인물이었다. 그가 이란에서 최초로 사진을 찍은 사람인 동시에 이란 왕족 중에서 최초로 개인적인 일기를 기록한 사람인 거 보면 말 다 한 셈. 그러나 근대화 개혁엔 너무나 많은 돈이 들었고 외국에 빌린 빚(차관)은 눈덩이처럼 불어나 나라 재정은 급격히 어려워졌다. 나시르 알 딘 샤가 굴욕적이더라도 계약을 맺고 돈을 받으려 했던 건 바로 이 때문이다.

어쨌든 당시 나시르 알 딘 샤가 믿고 개혁을 맡긴 이가 바로 당시 재상이었던 아미르 카비르(1807~1852)이다. 하인 출신이나 그를 눈여겨본 주인의 후원으로 교육을 받고 정치인이 된 그는 나시르 알 딘 샤 시기 재상이 되어 이란을 바꾸려 노력했다. 더불어 힘이 센 성직자와 왕족과 귀족의 권력에도 제동을 걸었음은 물론이다. 그랬으니 관료들과 지주, 종교지도자들이 아미르 카비르를 탐탁지 않게 여겼다. 안타까운 건 후에 나시르 알 딘 샤도 결국 이들의 꼬임에 넘어갔고, 이들은 왕의 어머니를 부추겨 아미르를 내쫓아버렸다. 핀 가든에서 그를 살해한 이도 정부가 보낸 자객으로 알려져 있다.

사실 아미르 카비르 이전에도 개혁가가 있었다. 두 번째 왕 파트 알리샤의 황태자 아바스 미르자(1789~1833)가 그 주인공이다. 그는 아버지가 수많은 후궁을 거느리며 100여 명의 자식을 낳는

• **나시르 알 딘 샤**
  개방적이고 개혁적인 왕으로 카자르조의 변화를 위해 노력했지만, 결국 실패했다.

동안 나라의 변화를 꿈꾼 왕자였다. 서구식으로 군대를 훈련시키고 똑똑한 청년 장교를 외국으로 유학 보내는 등 나름 변화를 위해 노력했지만 카자르 고관들과 군대 지도자들은 콧방귀도 안 뀌었고 아버지조차 별로 관심을 보이지 않았다. 그는 아버지 파트 알리 샤보다 1년 먼저 세상을 떠났다.

만약 아미르 카비르의 개혁이 계속 진행됐다면 이란은 어떻게 됐을까? 이란 사람은 카비르의 이름을 딴 대학과 거리, 호텔을 만들 정도로 그를 존경하며 그의 개혁이 중단된 걸 지금도 아쉬워하고 있다.

법이 있어야 이긴다!: 입헌혁명

근대화를 외쳤던 나시르 알 딘 샤는 이슬람 사상가의 한 추종자에게 암살을 당해 비극적으로 세상을 떠났다. 후계자는 그의 아들 무자파르 알 딘 샤(재위: 1896~1907)이다. 그는 온건한 성격의 소유자로 서유럽식 학교를 도입하고 개혁적인 사람을 총리로 임명하는 등 나름 변화를 시도했다. 하지만 그도, 그가 임명한 총리도 사치스럽게 하루하루 살아가는 건 똑같았다. 정부의 자금은 빠르게 바닥났고 영국과 러시아에게 진 빚은 늘어만 갔다. 석유이권을 헐값에 팔며 자금을 충당했을 정도이다.

이란 사람들은 오랜 세월 한숨만 나오는 왕과 궁 인사를 지켜보면서, 이들의 한심한 처사를 막을 방법은 '법'밖에 없다고 생각했다. 그러다 법을 바탕으로 나라를 다스리는 '입헌군주국'을 꿈꾸게 됐다. 당시 일어난 러·일전쟁(1904)의 승자, 일본도 우연찮게 아시아에서 유일한 입헌군주국이었고 러시아는 유럽의 유일한 비입헌군주국이었다. 이들은 전쟁 승리의 비결도 입헌정치에 있다고 봤을 만큼, 법에 대한 갈망은 점점 강해져갔다.

"아야!"

"탁!"

그러던 1905년 테헤란 시장에서 변화의 기점이 되는 사건이 발생했다. 당시 테헤란 시장이 사소한 이유로 상인들에게 나무 태형을 내렸는데, 이 소식이 삽시간에 시장 전체에 퍼진 것이다. 상인들은 단체로 상점 문을 닫고, '바스테네쉬니'를 하기 시작했다. '바스테네쉬니'란 약자를 위한 보호책이라는 뜻으로, 불만이 있는 사람이 순례지나 성직자의 집에 들어가 보호를 받으며 억울함을 호소하는 관습이다. 흥미로운 건, 억울함이 풀릴 때까지 거기서 지내도 되며, 누구도 이들을 내쫓을 수 없다는 사실이다.

성직자는 상인의 권리를 지키기 위해 아예 한 이슬람 사원을 '바스트(정부의 권위가 미치지 못하는 성역)'로 지정하고 본격적으로 본

● **카자르조 의회 풍경**
입헌혁명으로 의회를 만들고 법을 제정하는 등 입헌군주국을 만들기 위해 노력했지만, 그 길은 쉽지 않았다.

인들의 요구를 외치기 시작했다. 총리의 해임, 제헌의회·의원 선거, 법원의 도입 등을 요구했다. 국민의 의견과 법을 바탕으로 제대로 통치를 하라는 것이었다. 성직자와 상인은 사파비조 이래 힘을 가진 뒤, 카자르조 시기 담배 불매 운동을 계기로 똘똘 뭉쳐 이제는 혁명을 요구하는 거대한 세력이 돼버린 것이다.

무자파르 알 딘 샤는 서면으로 순순히 이 제안을 수락했지만, 혁명세력들이 테헤란으로 돌아오자 돌변했다. 왕은 시위대를 향해 발포해 신학생을 숨지게 했고, 더구나 예언자 무함마드의 혈통을 지닌 자들을 처형하는 광포함을 보였다. 많은 혁명가가 목숨을 부지하기 위해 영국대사관에 보호를 요청해, 1906년 여름만 해도 대사관 안에 1만 2,000명이나 되는 이란인이 체류하며 저항 중이었다.

멀고 먼 입헌 국가의 길과 반 토막난 이란

무자파르 알 딘 샤는 결국 시위대에 승복을 했고, 1906년 9월 첫 선거가 치러졌다. 국회의원을 뽑고 의회를 만드는 데 성공한 것이다. 의회에서 나라를 제멋대로 통치하지 못하게 법도 제정했고, 군대 이름도 입헌군으로 바꾸었다.

혁명이 승리한 뒤, 많은 작가와 언론인이 법에 기대어 수많은 간행물과 시·소설을 쓰고 출판했다. 집회의 자유를 보장하는 법에 따라 정당과 다양한 정치 모임이 생겼다. 이렇게 순풍에 돛단 배처럼 잘 가나 했더니, 무자파르 알 딘 샤의 후계자인 무함마드 알리(재위: 1907~1909)가 제동을 걸었다. 그는 러시아(러시아가 비입헌 국가였다는 사실을 다시 한 번 되새기자)의 지지를 받으며 대놓고 입헌정치를 방해했다. 왕위 즉위식에 의회 대표들을 단 한 명도 초대하지 않았을 뿐만 아니라 의회 대표들이 만든 헌법에 서명을 거부했다. 그러나 지금까지 일어난 일은 앞으로 일어날 일에 비하면 아무것도 아니다.

어느 날 무함마드 알리가 테헤란에서 총격 테러를 받은 사건이 일어났다. 왕은 테러 배후에 입헌정치가들이 있다고 주장했지만, 알고 보니 왕이 이 사건을 조작했던 것이다. 이럴 수가! 국민들은 분노했고 거국적으로 저항했다.

그런데 1907년 8월의 어느 날. 이런 상황에 불난 집에 부채질하는 사건이 발생했다. 영국과 러시아가 협상 끝에, 이란을 케이크 자르듯 세 등분해 나라를 다스리기로 한 것이다. 중·북부는 러시아가, 남부는 영국이, 중간은 중립지대로 두기로 한 것이다 (흥미로운 건 이듬해 이 중립지대에서 이란 최초로 석유가 발견됐다!). 왕은 이런 상황에서 나라를 구하지는 못할망정, 양국이 이란을 점령한 틈을 타 러시아 장교를 동원해 의회 건물을 폭파하고 급기야 의회를 없애버렸다(1908).

결국 혁명세력은 '눈에는 눈, 이에는 이'라는 생각으로 군대를 만들었다. 그리고는 이스파한·타브리즈·라쉬트 등 각지에서 온 혁명군이 힘을 합쳐 끝내 테헤란을 점령했다. 무함마드 알리는 러시아로 망명했다. 혁명군의 승리였다(1909).

제1차 세계대전의 광풍, 그리고 이란

혁명정부는 승리를 쟁취한 뒤 새로운 이란을 잘 만들어갔을까? 그들은 왕을 쫓아냈지만, 아직 쫓아내지 못한 세력들이 있었다. 바로 영국과 러시아였다. 혁명정부가 무함마드 알리의 아들 아흐마드를 새로운 왕으로 세우고, 미국에서 모르건 슈스터라는 재정 전문가를 데려와 이란의 문제를 자체적으로 해결하는 모습을 보이자, 영국과 러시아는 다시 방해를 하기 시작했다.

어느 날 러시아는 의회에 최후통첩의 편지를 보냈는데 내용은 이러했다.

"슈스터를 당장 자르시오. 그리고 관료를 뽑을 때에는 우리와 영국의 동의를 얻어야 하오!"

당연히 이란 의회는 이를 무시했다. 하지만 어린 왕 아흐마드를 대신해 통치를 하던 나시르 알 몰크라는 이가 끝내 러시아의 요구를 들어주고 말았다. 국회는 해산됐고, 슈스터도 미국으로 돌아갔다. 혁명정부의 끝이었다.

아흐마드 왕이 성인이 된 1914년 그해, 제1차 세계대전이 발발했다. 전 세계를 휩쓴 전쟁의 광풍은 이란에까지 몰아쳤다. 전쟁이 아니어도 이란 상황은 충분히 암울했는데 말이다. 허약한 왕 아래 부패한 기득권층과 친 외세 인사들이 활개를 쳤고, 영국에겐 대놓고 석유를 빼앗기고 있었다. 영국은 중립지역에서 석유를 발견한 후, 재빠르게 영국-이란 석유회사(현재 영국 석유회사 BP[Britain Petrolume]의 전신이다)를 설립하고 대주주가 되어 열심히 이란 석유를 파가고 있었다.

이런 상황에서 제1차 세계대전으로 이란 땅은 영국·러시아·독일·터키의 전쟁터가 되어 난리통이었다. 새로 등장한 독일은 영국에 위협이 될 만큼 힘이 센 새로운 강국이었다. 위기감을 느낀 영국은 얼른 러시아와 비밀 협정을 체결하며 힘을 합치지만, 러시아는 1917년 말 일어난 러시아 혁명(농민·노동자가 일으켜 최초의 사회주의 국가를 만든 혁명)으로 본국 문제에 정신이 팔려 이란에서 손을 떼게 되었다.

영국, 은밀하게, 그러나 강력하게!

제1차 세계대전이 끝난 후, 이란에 유일하게 남은 외국세력은 영국이었다. 러시아는 떠났고, 독일과 터키는 초라한 패전국이 되어 있었다. 영국은 이 기회를 놓치지 않고, 1919년 영국-페르시아 협정을 체결하는데, 이 협정은 이란이 인도에 이은 새 식민지로 보일 만큼 영국 위주의 협정이었다. 더불어 이란 의회의 허락을 받지 않았다는 점도 문제였다. 많은 사람이 이 협정을 반대했고, 한 해 동안 무려 세 번이나 총리와 내각이 바뀌었을 정도로 이 문제로 시끌시끌했다.

1921년 의회는 이 협정을 부결했고, 이 협정은 취소됐다. 불평등한 협정으로 반영 감정은 극에 치닫기 시작했다. 영국은 이래서는 안 되겠다고 생각하며 이란에 대한 개입 방법을 바꾸기로 한다. 어떻게?

은밀하게, 그러나 강력하게!

03

새로운 영광을 꿈꾼 팔레비조

1970년대 중동에서 가장 큰 나이트클럽이 있던 도시는 어디였을까? 그곳은 바로 두바이도 아닌, 이스탄불도 아닌 테헤란이었다고 한다. 1970년대 테헤란은 중동의 파리라는 별명이 붙은 서구화된 도시였다.

흔들거리던 카자르조에 이어 들어선 왕조 팔레비조(1925~1979) 이란은 급격히 서구화되고 근대화되었다. 왕조의 창시자 레자 칸과 그의 아들이자 이란의 마지막 왕 모함마드 레자 샤는 석유가 불러온 돈과 이란과 친하게 지낸 미국의 지원으로 이란을 머리부터 발끝까지 고쳐나간다. 그러나 무슨 일이든 서두르면 탈

이 나는 법. 이란이 부유하고 화려하게 변해갈수록, 그 그림자도 짙어졌다. 그러다 지금의 이란을 만든 큰 사건을 겪게 된다.

중동 최대의 나이트클럽이 있었다던 나라 이란은 어쩌다가 보수적인 종교 공화국이 됐을까? 그 속사정이 이 장에 담겨 있다. 자, 찬찬히 그 시간들을 더듬어보자.

국방장관 레자 칸, 새로운 나라를 세우다

은밀하게, 그러나 강력하게! 앞에서 말했듯 영국은 이제부터 본인들이 직접 나서는 게 아닌, 이란인을 앞세워 나라를 흔들기 시작했다. 이 방법은 돈도 덜 들고, 무엇보다 영국을 미워하던 이란 사람들의 눈을 피하기도 쉬웠다. 영국은 레자 칸이라는 카자르조의 사령관과 정치인 사이드 지야 알 딘 타바타바이를 꼭두각시처럼 앞세워 쿠데타를 일으켰다. 허약한 왕 아흐마드는 별 힘도 못 쓰고 레자 칸을 국방장관에, 타바타바이를 총리에 임명했다.

이후 레자 칸은 카자르조의 실질적인 최고의 권력자였다. 그의 뒤엔 영국이 있었고, 그는 군대를 쥐고 있었다. 그를 막을 자란 없었다. 권력 싸움에 밀린 타바타바이도 해외로 망명한 상태였다. 그는 내부의 반란을 진압하고, 카자르조의 허약한 군대와

- **팔레비조의 설립자 레자 칸**
  레자 칸은 팔레비조를 만든 후, 이웃 국가 터키처럼 이란을 대대적으로 바꿔나갔다.

재정체계를 뜯어고쳤다. 직접 앞장서 서유럽식 군대를 만들고, 미국에서 밀스포라는 재정전문가를 불러와 카자르조의 구멍 뚫린 재정을 바로잡았다.

급기야 그는 왕 아흐마드(재위: 1909~1925)를 내쫓은 후, 옆 나라 터키의 지도자 무스타파 케말에 영향을 받아 이란도 왕이 아닌 국민이 뽑은 지도자가 나라를 다스리는, '근대화된 공화국'으로 바꿔야 한다고 생각하고 실행에 옮겼다.

그러나 보수적인 종교지도자들이 반대해 결국 실패하고 말았다. 종교지도자들은 걸핏하면 반대하는 것처럼 보이는데 왜 그랬던 걸까? 그들은 터키의 공화제가 오스만 제국의 칼리프제를 없애고 들어선 제도라 탐탁지 않아 했다. 결국 레자 칸은 이 왕조 내에서는 희망이 없다고 생각하고는, 본인이 꿈꾸는 이란을 만들기 위해 아예 자신의 왕조를 새로 만들었다. 팔레비조가 탄생하는 순간이었다.

레자 칸은 1925년 의회를 통해 카자르조의 종말을 알리고 팔레비조의 탄생을 알렸다. 그의 이름도 레자 칸에서 레자 샤(왕)로 바뀌었다.

모든 것을 바꿔라, 나라 이름까지!

레자 샤(재위: 1925~1941)는 왕이 된 이후 이 순간을 기다려왔다는 듯이 약 20년의 짧은 기간에 이란의 다양한 분야를 뜯어고쳤다. 우선 나라를 안전하게 보호해줄 '군대'와 나라를 잘 돌아가게 힘쓸 '관료', 이 두 분야를 기르는 데 집중했다.

그러나 그가 무엇보다 신경 쓴 부분은 '법'과 '교육'이었다. 경제법(1925)·형법(1926)·민법(1928) 등 레자 샤는 통치와 삶의 튼튼한 기준이 될 법을 프랑스법과 이슬람법을 참조해 만들고, 프랑스 학교를 롤모델 삼아 전국에 초등학교를 세웠다.

교과 과정도 말끔하게 하나로 통일시켰다. 또 외국인 학교, 소수민족 학교, 소수 종파 학교 등 다양한 학교를 국·공립학교로 바꾸었다. 한국의 서울대학교 격인 이란의 테헤란대학교도 바로 레자 샤 때에 설립됐다(1935). 똑똑한 이란 젊은이들은 외국으로 유학 가기도 했고 여성들도 교육을 받을 수 있었다. 레자 샤 역시 법과 함께 국민들이 똑똑해져야 나라가 쓰러지지 않고 튼튼해질 수 있다고 봤던 것이다.

이란을 가로지르는 철도도 건설됐고, 이란 전역을 하나로 만드는 전화·통신·방송망도 만들어졌다. 다양한 부분에서 불어난 세금으로 레자 샤의 개혁은 숨가쁘게 진행됐다.

급기야 레자 샤는 나라 이름에까지 손을 댔다. 그는 오랜 세월 써온 이름 '페르시아'를 버리고 나라 이름을 '아리안의 나라'라는 뜻의 '이란'으로 바꾸었다(1935). 나라가 변하다 못해 나라 이름까지 변한 것이다. 레자 샤의 변화에 대한 갈망은 나라 이름을 뜯어고칠 만큼 강했지만, 그가 이름을 바꾼 건 다른 속셈도 있었다.

당시 이란이 친하게 지내고 싶어 한 독일과의 연결고리, 즉 두 나라 모두 아리안계의 후손이라는 것을 강조해 이란이 다른 '미개한' 중동 국가와 달리 유럽과 가까운 특별한 나라라고 보이고 싶어한 것이다. 왜 독일과 친하게 지내고 싶어 했는지는 잠시 후에 얘기하기로 하자.

따지고 보면 100년도 안 된 이름, '이란'은 이때 등장한 것이다. 1935년이 지나고 나서야 세계지도에 '이란'이라는 이름이 찍히기 시작했다는 사실!

차도르를 벗겨라!

이란은 하루가 다르게 변하고 있었지만, 그만큼 부작용도 컸다. 군대 양성에 힘쓰느라 국방 예산을 많이 쓴 나머지, 군인들의 입김이 너무 세졌고, 교육비도 너무 비싸 교육 혜택을 받는 건 주로 부유한 이들이었다.

더불어 당시 토지법도 땅 주인 위주라 농민의 삶은 우울했지만, 왕 레자 샤는 몰수한 땅을 농민에게 나눠주기보다는 측근에게 주거나 자신이 챙겼다. 결국 레자 샤는 이란의 제일가는 땅 주인이 됐다.

무리한 정책도 여러 문제를 낳았다. 여러분도 TV를 통해 접했다시피 이란은 지금 모든 여성이, 심지어 외국인 여성까지 히잡을 써야 한다. 한데 이란이 한때 강제로 히잡을 벗겼다면 믿어질까? 레자 샤는 '강제 히잡 벗기기' 정책을 시행했다. 레자 샤 눈에 히잡은 구닥다리에다가 식민지 냄새를 풍기는 낡은 천 자락처럼 보였다.

1936년 만들어진 히잡 금지법으로 한동안 이란 여성은 히잡을 쓰고는 대중교통을 이용할 수도 상점에서 물건을 살 수도 없었다. 군인에게 적발되면 히잡은 갈가리 찢기고 말았으므로.

레자 샤는 이슬람을 싫어했다. 그는 자신의 왕조가 페르시아 제국을 계승하는 왕조라고 주장하며, 이슬람은 이란의 몰락을 가져왔던, 이란의 발전에 해가 되는 낡은 종교라고 보았다. 그도 그럴 것이 그의 법 제정과 교육정책, 히잡 금지정책 등은 이란엔 새로운 변화였지만, 이슬람을 바탕으로 법학자이자 교육자로 권력을 누리던 성직자에게는 달갑지 않은 변화였다.

레자 샤는 강력하게 개혁을 밀어붙이는 만큼, 왕과 정부에 방해될 만한 세력은 걸림돌로 여겨 많은 이들을 사형했고, 살해했다. 아이로니컬한 건 늘 예술은 이런 암울한 상황에서 꽃핀다는 사실. 많은 작가들이 다양한 풍자 글을 쏟아냈다.

한국에서도 번역된 『눈먼 부엉이』(『눈먼 올빼미』)라는 소설은 바로 이때 쓰인 작품이다. 이 책의 작가 헤다야트(Sadegh Hedayat)는 당시 정부의 탄압을 받아서 이란을 떠나 인도에서 책을 출간했다.

『눈먼 부엉이』(1936)는 이후 20여 개국에서 출판되는 등 작품성을 인정받았지만, 음울한 내용 때문에 이 책을 읽은 많은 사람들이 자살을 해 한동안 금서로 여겨졌다. 저자 헤다야트도 결국 파리에서 자살로 생을 마감했다. 뭔가 으스스하다고? 겁먹지 말고 당시 이란의 상황이 예술가들에겐 참 암울했구나, 라고 생각하고 넘어가자.

제2차 세계대전과 왕의 망명

이런 암울한 상황이 변화를 맞는 시기가 곧 찾아오는데, 그 계기는 바로 1939년 발발한 제2차 세계대전이었다. 이란은 전쟁의 광풍을 피하기 위해 처음에는 중립을 선언했지만, 나중에는 독일군이 우세하다고 보고 독일과 친하게 지냈다.

이란 사람들은 오랜 세월 이란을 간섭한 영국보다는 '나치 독일'을 더 선호했다. 이란과 독일의 무역교류는 하루가 다르게 늘어갔고 친독 정치인들은 나치를 찬양하며 독일인과 이란인은 한 뿌리라고 대놓고 자랑하기도 했다.

이에 영국은 독일에게 석유를 빼앗길까 위기감을 느꼈다. 그래서 소련(1917년 혁명 이후, 나라 이름이 러시아 제국에서 소비에트 유니온, 즉 소련으로 바뀌었다)과 똘똘 뭉쳐 레자 샤에게 독일 시민을 모두 추방하라고 요구했다. 소련도 이란을 통해 안전하게 전쟁 물자를 공급받으려던 차였다. 그러나 레자 샤가 말을 듣지 않자, 결국 영-소 연합군은 1941년 8월 이란을 공격한다. 나름 강해진 이란 군대라 해도 연합군의 공격엔 속수무책이었다. 결국 전쟁에서 패한 후 레자 샤는 남아프리카로 망명하고, 아들 모함마드 레자 샤가 왕이 되었다.

빼앗긴 석유를 우리 품으로: 석유 국유화 운동

레자 샤가 떠난 후, 아이러니컬하게도 이란인은 숨통이 트인 것처럼 홀가분해했다. 그리고 그들은 이때가 이란을 독재 국가에서 자유로운 나라로 바꿀 절호의 기회라고 생각했다.

얼마 후 사람들 사이에서 '지금까지 영국에 뺏긴 석유를 되찾아오자'라는 이야기가 흘러나오기 시작했다. 이 주장을 한 대표적인 사람이 아야톨라 카샤니라는 성직자와 무함마드 모사데크라는 정치인이었다. 이 둘은 힘을 모아 1950년 국회의 승인을 받고, 착착 '석유 국유화' 사업을 진행시켜나갔다.

석유 위에 똬리를 튼 뱀, 영국은 이에 어떻게 반응했을까? 영국은 당시 이란산 석유를 수입하던 미국과 힘을 합쳐 이란 석유의 숨통을 끊어놓았다. 미국은 이란에 대한 경제적인 도움을 끊어버렸다. 이어 미국과 영국의 요구에 소련은 이란산 석유를 수입한 대가를 지불하지 않았고, 일본과 이탈리아도 이란 석유 수입을 중단했다.

이란 석유를 겨우 이란 것으로 만들어놨더니, 석유 파는 통로가 끊긴 것이다. 석유 국유화로 이익은커녕 경제적인 손실이 늘어났지만, 젊은 왕은 인기가 높은 총리 모사데크를 쫓아낼 수가 없었다. 참다 못해 왕은 모사데크를 쫓아냈지만, 성직자를 필두로 국민들이 열렬하게 반대하는 통에 급기야 로마로 망명하고 말았다.

아버지 레자 샤에 이어 아들 모함마드 레자 샤까지 이란을 떠나니, 세계 언론은 이 사건을 두고 이란 왕정이 끝났다고 대서특필로 보도했다. 그 뒤 이란은 어떻게 됐을까? 이란 민족의 영웅 모사데크가 이란의 새 왕 혹은 대통령이 되었을까? 그러나 생각지도 못한 사건이 발생한다. 그 사건을 일으킨 건, 바로 미국의 CIA였다.

04

영광의 빛과 그림자

CIA를 모르는 사람은 없겠지? 영화에서 수도 없이 등장하는 CIA는 제2차 세계대전이 끝난 후인 1947년 미국의 안전을 위해 만들어진 미국의 대표적인 정보기관이다. 영화에서도 많이 나오 듯 은밀히 정보를 수집하거나 특수한 작전을 수행하는 데 CIA가 최초로 해외에서 벌인 작전이 1953년 이란에서 벌어진다.

그 대상은 "이란에는 숨은 재화(석유)가 있다. 하지만 큰 뱀(영국)이 그 위에 똬리를 틀고 있다"고 말한 총리 모사데크였다. CIA 는 영국의 정보국과 힘을 합쳐 벌인 아작스 작전으로 모사데크 가 잠시 이끌던 정부를 몰아내고 모사데크를 체포한다. 모사데크는 체포돼 3년형을 살았고, 그 후에는 고향에서 쓸쓸히 살다 85세를 끝으로 세상을 떠났다.

이란의 품으로 돌아오지 못한 석유는, 미국과 영국이 만든 이상한 석유 조합에 의해 갈기갈기 쪼개졌다. 이 조합으로 영국과 미국은 각각 이란 석유의 40퍼센트를 갖게 됐다. 그러고 보면, 이 작전의 최대의 수혜자는 미국이었다. 영국이 거의 독점하다시피 한 이란의 석유를 미국이 영국만큼 갖게 되었기 때문이다. 석유를 판 순이익의 40퍼센트만이 이란의 몫이었다. 모사데크가 떠

• **석유 국유화 운동을 일으킨 모함마드 모사데크**
모함마드 모사데크는 영국으로부터 빼앗긴 석유를 되찾으려 하는 등 자주적인 이란을 만들려 노력했지만, CIA의 방해로 실패로 돌아갔다.

난 후, 로마로 떠난 왕은 다시 돌아와 이렇게 황당한 말을 했다.

"어제까지의 나는 아버지로부터 권력을 물려받았을 뿐이다. 이제 나는 국민에 의해 뽑힌 샤(왕)이다."

이후 레자 샤는 다시는 이란을 떠나 망명하지 않기 위해 별별 노력을 다했다. 걸림돌이 될 주요 정당을 없애고, 언론을 통제하고, CIA의 도움으로 사바크(SAVAK)라는 정보기관을 만들어 반대파를 탄압했다.

사건이 이렇게 돌아갔다면, 여러분이라도 미국을 원망하지 않았을까? 이 사건은 이란 국민들이 미국을 증오하게 된 첫 계기가 되었다.

이란 자본주의 국가 만들기 프로젝트: 백색혁명

제2차 세계대전이 끝난 후 세계는 미국을 대표로 하는 자본주의 세력과 소련을 대표로 하는 공산주의 세력의 대결로 번져갔다. 미국과 소련은 소리 없는 전쟁, 냉전을 치르며 세계 최강의 라이벌 관계였는데, 이란이 있던 중동지방에서도 대결이 치열했다. 미국은 중동지방에서 소련의 입김이 세지자, 소련을 막기 위해 중동지방에 더 적극적으로 개입하기 시작했다.

1960년 미국은 이란에 조금 더 깊숙이 개입하기 위해, 그리고

　　　　　　　　　　　제4장 좌절과 변화의 시대

공산주의를 막기 위해 '이란 근대화된 자본주의 만들기' 프로젝트를 실시한다. 1963년 일어난 '백색혁명'이 바로 그 프로젝트의 결과물이다.

왜 혁명 이름이 '백색혁명'일까? 그건 이 혁명이 정부에서 강제로 실시한, 피를 발생하지 않은 혁명이기 때문이다.

백색혁명의 6개 조항은 다음과 같았다. 토지개혁·산림 목초지 국유화·국영사업장 매각·근로자에 회사 이윤 분배·문맹 퇴치 운동·선거법 개정.

얼핏 봐도 자본주의 냄새가 물씬 풍긴다. 백색혁명으로 이란의 많은 것이 바뀌었다. 문맹 퇴치를 위해 전국 곳곳에 초등학교가 세워지고, 문맹 퇴치단이 차를 타고 이란 각지로 이동해 교육을 했다. 더불어 까다롭던 여성의 이혼조건이 느슨해지고, 여성이 투표권과 선거권도 가지게 되었다.

그러나 왕이 백색혁명에서 가장 중요하게 여긴 것은 토지개혁이었다. 왕은 보란 듯이 지금까지 왕실이나 성직자가 갖고 있던 땅을 농민들에게 나눠주었다. 성직자들은 사파비조 이후부터 받은 많은 땅을 헐값에 팔아야 했다.

더불어 문맹 퇴치단의 활약으로 교육자로서의 역할도 갈 곳을 잃고 말았다. 결과적으로 이 혁명은 의도하든 의도하지 않든 이란의 성직자들의 반발을 불러 일으키게 되었다.

호메이니, 반정부 세력의 상징이 되다

우리나라의 인천 공항처럼, 이란을 대표하는 국제공항은 이맘 호메이니 국제공항이다. 여러분이 만약 이란에 간다면, 우선 이 공항에 도착해 짐을 찾아 공항에서 조금 떨어진 테헤란으로 이동해야 한다. 여러분이 이렇게 이란에 도착해 며칠, 아니 하루만 지내본다면, 공항부터 이란 국가기관, 이란 시내 곳곳에 검은 터번을 두른 강렬한 눈의 남자 사진이나 벽화를 계속 마주치게 될 것이다.

이 남자의 이름은 바로 루홀라 무사비 호메이니. 이맘 호메이니 공항 이름도 이 사람의 이름에서 왔다. 이 남자가 도대체 누구이기에 이란 사람들이 떠받들고 숭배하는 걸까? 그는 바로 1979년 이슬람 혁명, 바로 이란을 지금의 모습으로 만든 사건의 주인공이다.

고위 성직자이긴 했지만 평범한 종교인이던 호메이니가 이란 사람들의 주목을 받은 건, 그가 백색혁명에 발벗고 반대하며 정부를 강력하게 비난하면서부터이다. 사실 그가 처음 정부를 비난한 건, 1963년 백색혁명이 통과되기 1년 전부터였다. 레자 샤는 1962년 지방 의회법을 제정했는데 이 내용이 호메이니의 심기를 건드렸다. 이 법안에 따르면 의원들이 이전처럼 『쿠란』에만 선서를 하는 게 아닌, 모든 '신성한' 책에 선서를 할 수 있었다. 이슬람만이 아닌 다른 종교에 대한 맹세도 할 수 있게 만든 것이다. 더구나 왕은 이 법을 당시 최고 성직자가 세상을 떠난 틈을 타 재빨리 통과시켜 호메이니를 더 화나게 만들었다. 호메이니는 자신이 최고 성직자가 된 뒤 이 법의 폐지를 위해 발벗고 나섰고 결국 이 법을 폐지시켰다.

추방된 호메이니, 그러나……

뒤이어 왕이 실시한 '백색혁명'도 호메이니를 비롯한 성직자, 그리고 성직자와 똘똘 뭉친 상인들이 힘을 합쳐 반대했다.

"그들은 항상 어리석고 보수적인 패거리였다. 그들의 뇌는 1,000년 동안 회전하지 않았다. 그들에게 인생은 아무것도 하지 않고 먹고 자면서 무언가를 얻는 것이다."

왕이 이렇게 성직자를 비꼬는 연설을 하며 농민에게 땅문서를 나눠주자 호메이니를 비롯한 성직자들은 분노했다.

1963년 페이지예라는 이름의 신학교에서 정부의 비밀요원 소행으로 성직자와 학생이 사망하고 부상하자 호메이니를 비롯한 성직자·상인·국민 등 반정부 세력의 저항의 불길은 전국적으로 퍼지며 더욱 뜨거워졌다. 호메이니를 필두로 전국에서 반대 시위가 들끓고 그의 존재감이 정부를 위협하자 정부는 그를 추방하기로 결정했다.

1964년 11월 4일 새벽 4시 정부의 특공대원들은 종교도시 콤에 있는 그의 집에서 호메이니를 체포해 감옥이 아닌 국제공항으로 끌고 갔다. 호메이니는 터키로 추방됐고, 이때부터 호메이니는 1979년 이란에 다시 돌아올 때까지 15년간 국외를 떠돌게 된다. 눈에서 멀어지면 마음에서 멀어진다. 왕은 이 말을 믿고 호메이니를 추방했을 테지만, 이후 벌어지는 사건은 왕의 기대와는 정반대였다. 왕은 꿈에도 상상도 못 했다. 외국에서 체류 중인 호메이니가 10여 년 뒤 자신과, 그리고 이란에 어떤 변화를 가져올 줄을.

과거가 오히려 미래 같은 시절: 1960·70년대 이란

자, 다음 사진을 보자. 이 사진이 이란의 1960~70년대 풍경이라면 믿어질까? 너무 서구적이라고? 유럽 사람들 사진인 줄 알았다고?

믿기 힘들겠지만, 이 사진은 지금으로부터 40년 전 이란의 사

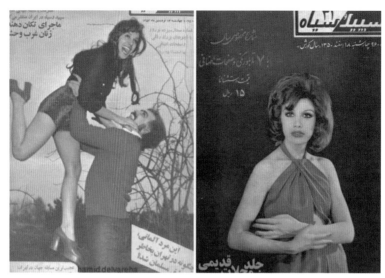

• **1970년대 이란 잡지 사진**
어깨가 드러나는 원피스, 짧은 반바지, 치렁치렁한 긴 머리 등 1970년대 이란은 유럽 국가처럼 서구적이
고 개방적인 모습이었다.

진이다. 이란은 1960년대 이후 석유가 불러들인 돈을 바탕으로
나날이 부유해져갔고, 친 서구적이었던 왕 레자 샤의 주도로 이
란은 빠른 속도로 근대화되고 서구화되었다.

1960년대, 1970년대 테헤란 거리는 마치 유럽의 거리 같았
다. 당시 여성들은 지금 이란 여성들이 거리에서 입지 못하는 반
팔 블라우스, 민소매 원피스, 미니스커트를 입고 거리를 활보했
다. 히잡을 쓰는 여성들도 있었지만, 선택은 자유였다. 여성들은

보슬보슬한 웨이브 머리나 긴 생머리를 늘어뜨리고 거리를 다녔다. 길거리에선 술을 팔았고 거리 한가운데엔 가슴을 3분의 2나 드러낸 여성의 포스터가 걸려 있었다.

이란은 1970년대 들어 세계 제5대 부국을 꿈꿀 정도로 부유한 산유국이 되어갔다. 특히 1973년 터진 제4차 아라비아-이스라엘 전쟁의 결과 아라비아국들이 이스라엘을 지원한 국가들에게 석유 수출을 금지했던, 일명 '오일 쇼크'는 또 다른 산유국인 이란 (이란은 아라비아 국가가 아님을 잊지 말자!)에 절호의 기회였다. 이란 석유 판매액은 하늘로 치솟았고, 이란에는 돈이 쌓여갔다.

미국도 이란의 가치를 새삼 깨닫고 이란과 더욱 가까이 지냈다. 양국 간의 석유 거래, 무역 거래량은 풍선 부풀듯 불어났고 이란은 당시 중동에서 미국과 가장 가까운 나라가 되었다.

우리나라와 이란이 가까워진 것도 이즈음이었다. 1962년 10월 한국은 이란과 외교관계를 수립했고, 주이란한국대사관이 1967년 4월 만들어졌다. 앞에서 말한 오일 쇼크 이후 한국의 이란 석유 수입이 급증하자 양국 관계가 긴밀해졌고, 이에 1975년 8월 서울에 주한이란대사관이 만들어졌다.

05

더 이상은 못 참겠다, 이슬람 혁명

1971년 11월 10일. 시라즈 인근 유적지 페르세폴리스에선 페르시아 제국 탄생 2,500주년 기념식이 열렸다. 행사는 옛 페르시아 제국을 재현하듯 성대하게 열렸다. 다섯 대륙을 상징하는 특별히 건설된 다섯 개의 도로에는 귀빈들을 위한 천막 호텔이 들어섰고 다양한 나라에서 온 귀빈들은 대형 텐트 안 반짝이는 샹들리에에서 프랑스 음식을 먹으며 연회를 즐겼다(한국 대표로는 당시 김종필 총리가 참석했다).

그러나 이 기념식은 이란의 빛과 어둠을 동시에 보여주는 행사였다. 일반 이란 국민들은 이 기념식을 보고 부유해진 나라에

• **페르시아 제국 탄생 2,500주년 기념식 연회 풍경**
많은 돈을 들여 성대하게 치른 기념식의 모습은 평범한 이란 국민들을 분노하게 했다.

대한 뿌듯함보다는 그들만의 잔치를 즐기고 있는 왕에게 분노를 느꼈다.

국민들의 분노는 어찌 보면 당연했다. 당시 이란의 가장 큰 문제는 석유가 불러들인 돈이 왕가와 부유층의 주머니만 채워주고 아래로 흐르지 못했다는 점이다. 부유층들이 호화로운 주택 안에서 사치스럽게 생활하고 있을 때, 도시 밖 사람들은 토담집에서 차도르로 온몸을 두른 채 가난하게 살고 있었다.

제4장 좌절과 변화의 시대

호메이니, 혁명의 영웅이 되어가다

호메이니는 터키로 추방된 후 터키에서 1년 남짓 망명 생활을 하다 이라크에 있는 시아파의 최대 순례지 나자프에서 13년간 긴 망명 생활을 했다. 그가 이란에 돌아오기 전 머문 마지막 망명지는 프랑스 파리 교외 노플 르 샤토라는 곳이었다.

호메이니는 터키에서 이란인과 떨어진 채 고독한 망명 생활을 보냈지만, 신학 공부를 하며 책을 쓰며 시간을 보냈다. 그의 망명 생활의 꽃은 이라크 시절이었다.

사실 왕이 호메이니를 나자프로 보낸 것은 그곳에 권위 있는 시아파 성직자들이 활동하고 있어 호메이니의 존재감이 약해질 것이라고 봤기 때문이다.

그러나 상황은 정반대로 흘러갔다. 호메이니가 이곳에서 만든 '이슬람 정부'이론은 추종자들부터 평범한 이란인에 이르기까지 열렬한 지지를 받으며 이란으로 퍼져나갔다. 잠깐, 갑자기 어려운 말이 나온다고? 아래 호메이니의 말을 잠깐만 읽어보자.

> "신만이 유일한 입법자이며…… 이슬람 정부는 이슬람법에 의한
> 정부이다. 이슬람 정부에서 주권은 신에게 귀속되고 이슬람법은
> 신의 명령이다."

"무슬림의 통일과 자유를 획득하기 위해서는 제국주의자들이 장악한 억압 정부를 타도하고 사람들에게 봉사하는 정의로운 이슬람 정부를 건설하지 않으면 안 된다."

'이슬람 정부'는 한마디로 말해 이슬람법을 가지고 나라를 통치하는 정부이다. 호메이니는 외국세력에 흔들리지 않고 이슬람 정부가 이란을 통치하려면, 이슬람법을 잘 아는 법학자가 나라를 통치해야 한다고 보았다. 그게 바로 어려운 말로 호메이니의 '이슬람 법학자 통치론'이다. 낯설어서 그렇지 잘 생각해보면 그리 어려운 개념은 아니다. 현재 이란의 통치는 이 개념을 바탕으로 이루어지고 있다.

호메이니의 영향력이 날이 갈수록 치솟자, 왕은 이라크 정부에 압력을 가해 호메이니를 이라크에서 쫓아냈다. 호메이니는 이란과 가까운 쿠웨이트에 가려고 비자까지 발급받았지만 호메이니를 가능하면 이란에서 먼 곳으로 추방하고 싶어한 왕의 방해로 실패하고 프랑스로 떠났다.

그러나 프랑스로의 망명은 호메이니에게 또 다른 기회였다. 검은 터번을 쓴 일흔여섯 살의 이란 성직자를 프랑스 언론을 비롯해 전 세계 언론이 주목하게 된 것이다. 그가 고국을 떠나 왜 이렇게 외국에서 싸우고 있는지부터 그의 사생활까지 언론과 방송을 통해 퍼져나가 호메이니는 날이 갈수록 유명해졌다.

더불어 그는 프랑스에 있던 이란 망명 정치인과 지식인의 지지와 도움을 받아 더욱 단단한 존재가 되어갔다.

변화를 꿈꾸던 다양한 세력들

이란 내에서도 호메이니의 뜻을 같이하는 지식인이 이슬람 정부를 주장하고 책을 펴냈다. 정부에 대한 실망과 분노가 커갈수록 이슬람과 이슬람 정부가 희망과 대안이 될지도 모른다고 생각하는 사람이 늘어갔다.

이 시기 지식인과 젊은이 사이에서 폭발적인 인기를 얻은 지식인 알리 샤리아티는 "이슬람이 단순히 종교가 아닌, 억압에 대한 투쟁 방법이 될 수 있다"고 주장했다.

그러나 모든 사람이 이슬람 정부를 바란 건 아니었다. 정부에 반대하는 사람들은 성직자를 포함해, 상인·도시 빈민·국내외 대학생·개혁정치인·진보적인 지식인·전문업 종사자 등 신분도 다양했고, 그만큼 불만과 바라는 바도 가지각색이었다. 그만큼 당시 이란엔 다양한 문제점이 안에서 곪아 있었다.

성직자들은 앞에서 말했듯 교육개혁과 토지개혁으로 힘이 약해져갔다. 급격한 산업화는 전통 시장 상인에게 타격을 주었으며 석유가 불러들인 돈은 상류층 배만 불리고 일반 서민의 삶은 나날이 팍팍해져갔다.

대학생과 국민은 정부의 미국 위주의 외교정책과 비밀경찰을 내세운 강압 정치에 분노를 느꼈다. 개혁정치인은 자본주의적 경제정책에 반감을 가졌고, 진보적인 지식인은 근대화엔 찬성을 했지만 군주제는 반대했으며, 좌파 정치인은 국왕의 독재에 불만이 많았다. 전문업 종사자는 왕이 불러들인 외국인, 특히 미국 기술자가 자신들의 밥벌이를 빼앗는 것에 대해 불만이었다.

다양한 계층의 사람은 호메이니와 뜻을 같이하긴 했지만 바라는 바는 조금씩 달랐다. 그러나 굵직한 목표는 똑같았다. 그건 바로 지금 정부와 왕을 몰아내자는 것이었다.

우리의 문제는 우리의 힘으로!

"세계의 어떠한 나라도 이란보다 더 나쁜 인권 유린 행위를 저지른 기록이 없다."

1975년 국제사면위원회의 사무총장이 이란을 두고 지적한 말이라고 한다. 1977년 즈음 이란 감옥에 있는 정치범 수는 해외기관의 추정에 따르면 2만 5,000명에서 3만 명에 달했다. 한마디로 정부에 저항하는 사람도 체포되는 사람도 엄청 많았다는 얘기이다.

이즈음 왕은 기존 양당제를 단일 정당제로 바꾸고 이슬람력을 없애고 페르시아 제국 기원 달력을 만드는 등 본인의 뜻대로 이란을 만들기 위해 많은 애를 쓰고 있었다.

한편 1977년 지미 카터가 제39대 미국의 대통령으로 당선된 후 미국 대외정책은 180도 달라졌다. 일명 인권 대통령이었던 그는 독실한 크리스트교인 출신으로 도덕적으로 올바른 통치를 하려고 노력했다. 하물며 당시 이란의 왕에게까지 용기 있게 이란의 인권탄압에 대해 우려를 표하며 개선을 요구했을 정도이니…….

이란 국민들은 밉기만 했던 미국 대통령이 인권외교를 하니, 얼떨떨했지만 희망을 갖게 됐다. 그러나 몇 개월 뒤 이란-미국 정상회담 자리에서 카터는 이란 사람들의 뒤통수를 쳤다. 그는 환영 만찬에서 이란을 '국민들이 샤를 존경하고 사랑하는 안정의 섬'이라고 표현했고, 이 말을 들은 이란인들은 다시 한 번 깨달았다. 우리의 문제는 우리가 해결해야 한다고.

이때부터 혁명이 마무리될 때까지 많은 시위가 일어났고 많은 사람이 피를 흘렸다. 호메이니의 아들 모스타파의 의문스러운 죽음, 호메이니를 둘러싼 정부의 음해는 그동안 침묵을 지켰던 보수적인 종교인까지 왕에 등을 돌리게 했다.

신문을 통해 호메이니가 동성애자라는 등 공산주의를 공모했다는 등 호메이니를 헐뜯는 기사가 실리자, 신학생들은 대규모 시위를 했고, 이 시위는 도미노처럼 여러 도시로 퍼져나갔다. 급기야 나중에는 55개 도시에서 시위가 일어났고, 많은 희생자가 피를 흘렸다.

계속되는 비극: 아바단 방화사건과 검은 일요일

그러나 그건 시작에 불과했다. 1978년 한해 '대학살'이라는 말이 어울릴 법한 사건이 연이어 일어났다.

1978년 8월 20일 아바단시의 한 극장. 아바단시 시위대가 경찰을 피해 극장으로 피신했다. 갑자기 원인 모를 화재가 발생했다. 시위대는 탈출하려 했지만, 이럴 수가! 출구는 봉쇄돼 있었다.

그날 피신한 시위대를 비롯한 477명은 살아 돌아오지 못한 채 극장에서 죽음을 맞이했다. 호메이니는 왕이 이란 국민을 태워 죽였다고 외쳤지만, 정부는 광신도에 의한 방화사건이라고 딱 잘라 말했다. 국민은 누구의 말을 믿었을까? 진실은 알 수 없지만, 국민의 눈엔 호메이니의 말이 더 진실처럼 보였다.

얼마 뒤 일어난 '검은 일요일' 사건은 더 참혹했다. 9월 6일, 라마단(금식) 행사가 끝나는 날 이란의 주요 도시에서 대규모 시위가 진행됐다. 1978년 9월 8일 금요일 새벽, 심상찮은 분위기가 감돌았다. 이란 라디오에서는 긴급 명령이 울려 퍼졌다.

"더 이상 거리나 모스크에 모이지 말고 집으로 돌아가십시오."

그러나 그날 아침, 예정대로 사람들은 테헤란 동부 절레(Jaleh) 광장에 모여 시위를 했다. 이에 정부는 탱크와 헬리콥터를 동원해 무차별 폭격을 했다. 잔인하게도 출구를 봉쇄한 채 발포했다.

• **이슬람 혁명 시위 장면**
　점점 많은 사람들이 호메이니의 주도로 거리로 나섰고, 결국 이슬람 혁명을 이루어냈다.

하루 만에 광장 안에서 2,000여 명의 시민이 사망했다. 왜 대학살이라는 표현을 썼는지 알 수 있겠지? 이란 사람들은 이 순간을 '검은 금요일'이라 부른다. 절레 광장은 이슬람 혁명 후 '순교자 광장'으로 이름이 바뀌었다.

11월 4일에도 많은 대학생이 시위를 하다 목숨을 잃었다. 무하람 달이 되자, 시위는 더 열정적으로 번져나갔다. 무하람 달은 이슬람력 1월로 이달 1일부터 10일은 카르발라 사건으로 희생된 제3대 이맘 후세인을 애도한다.

'카르발라 사건'(680)은 이란인에게 중요한 사건이니 잠깐 설명해보자면, 제3대 이맘 후세인이 수니파 우마이야조의 왕 야지드에게 비참하게 살해당한 사건이다. 시아파 무슬림이 가장 가슴 아파하고 가장 분노하는 사건이다. 시위대들은 바로 이 사건을 끌어와 왕과 이란 정부가 현재의 야지드라고 외치며 더 열정적으로 시위에 참여했다.

이란 마지막 왕의 망명, 그리고 호메이니의 귀환

이런 상황에서 왕이 무슨 수로 상황을 돌릴 수 있었을까? 1979년 1월 16일, 결국 왕 무함마드 레자 샤는 "나는 휴양을 떠난다. 나는 몹시 지쳐 있다"는 말을 남기고 이란을 떠났다. 그는 이집트로 망명했다. 왕의 망명 소식이 라디오 방송을 통해 전국으로 퍼지자, 이란은 축제 분위기로 바뀌었다.

얼마 뒤, 1979년 2월 1일. 15년 만에 호메이니가 프랑스에서 이란으로 돌아왔다. 그는 수많은 군중의 환영을 받으며 당당히 테헤란에 입성했다. 그는 공항 근처에 있는 '자유의 탑' 앞에서 다음과 같이 귀국 연설을 했다.

"나는 우선 이번 사건에서 너무나도 희생적이었던 성직자에게 감사드린다. 나는 고통당했던 학생, 상인 그리고 무역업자에게 감사드린다. 나는 시장과 대학교, 신학교에서 피 흘리며 지지해 주었던 젊은이에게 감사드린다."

왕은 떠나고 호메이니가 이란에 돌아왔지만, 아직 혁명은 끝난 게 아니었다. 왕은 떠났지만 총리가 이끄는 정부가 남아 있었다. 호메이니는 자신이 꿈꾸던 이란을 만들기 위해 착착 일을 추진하기 시작했다. 아직 혁명은 끝난 게 아니었다. 지금부터가 중요했다.

호메이니가 카르발라 사건으로
이란인의 가슴에 불을 지를 수 있었던 이유는?

시아파 무슬림들의 가장 큰 종교 기념일은 '아슈라(Ashura)'라는 날(이슬람력 1월 10일)이다. 한데 이날은 기쁜 날이 아니라 슬픈 날이다. 최대종교기념일이 슬픈 날이라니? 바로 '시아파의 지도자'가 '수니파 왕'에게 살해당한 날이기 때문이다.

사건은 이러했다. 우마이야 왕조의 왕 야지드는 왕이 된 후, 시아파 지도자 이맘 후세인에게 충성을 강요했다. 그러나 이맘 후세인은 이를 거절하고 메카의 하람사원으로 피신해 넉 달 동안 머물렀다.

그러나 야지드의 폭정에 시달린 이라크의 쿠파 지방 주민들이 후세인에게 편지를 보내 자신들의 지도자가 되어달라고 부탁했고, 후세인은 이를 차마 거절하지 못해 쿠파로 가보기로 결정한다.

그러나 야지드의 군대는 이라크의 카르발라란 곳에서 이맘 후세인과 군대를 기다리다가 사막에서 그들을 생포했다. 이후 그들은 9일 동안 물의 공급을 차단했고, 결국 10일째 날 3만여 명의 야지드 군대는 밤 예배를 마친 이맘 후세인과 군대를 잔인하게 살해했다. 후세인은 참수형을 당했고, 잘려진 머리는 야지드 왕에게 보내졌다. 전하는 말에 따르면 야지드는 후세인이 다시는 『쿠란』을 낭송하지 못하게 정신없이 머리를 후려쳤다고 한다.

아슈라 날 신앙심 깊은 시아 무슬림들은 검은색 옷을 입고 칼과 채찍으로 자신의 이마와 등을 때리거나 상처를 내면서 행렬을 한다.

왜 저렇게 고행을 할까? 이상해 보이지만, 이는 이맘 후세인의 고통을 직접 겪고 재현하며 그를 애도하기 위해서이다.

이슬람 혁명 당시, 호메이니가 이 사건을 가지고 사람들의 마음에 혁명의 불을 지른 것도, 이 사건이 이란인에게 얼마나 깊은 슬픔과 분노를 일으키는지 잘 알았기 때문이다.

정치제도에 정답이란 게 있을까?
―이슬람식 민주주의 이슬람 공화주의 들여다보기

이란은 1979년 이슬람 혁명 후 이슬람 공화국, 즉 이란 이슬람 공화국이 되었다. 이란은 우리나라처럼 입법부·행정부·사법부도 있고 국민이 뽑는 대통령도 국회의원도 있지만, 국가의 원수는 성직자 출신의 최고지도자이다. 가장 높은 지도자는 이슬람법을 제일 잘 아는 사람, 즉 성직자여야 한다고 보기 때문이다.

우리로선 이란의 정치제도가 낯설어 보이지만 예로부터 전 세계 나라들은 다양한 정치제도로 국가를 통치해왔다. 군주가 절대 권력을 갖는 절대군주제, 군주의 권력이 헌법에 의해 제한을 받는 입헌군주제, 국회 내 다수당이 내각(수상과 각료)를 구성하고 왕, 대통령이 아닌 수상이 실질적인 권력을 갖는 의원내각제, 우리나라처럼 행정부와 입법부가 엄격히 분리돼 있고 국민이 대통령을 뽑는 대통령중심제 등 참으로 다양하다. 이란이 유독 낯설어 보이는 건 이런 다양한 정치제도에 더해 새로운 이슬람식 민주주의(이슬람 공화제)를 만들어 시행하고 있기 때문이다.

혁명 당시 호메이니는 이란의 근본적인 문제가 독재나 반민주, 빈부격차가 아닌 이슬람이 힘이 약해져 탐욕만 남고 절제와 영성이 사라진 게 문제라고 보았다. 고로, 탐욕을 절제해줄 수 있는 성직자가 국가에서 중요한 역할을 하는, 즉 이슬람을 바탕으로 절제되고 정의로운 국가를 만드는 것만이 답이라고 보았다.

호메이니는 말뿐만이 아니라 자신의 일상 자체도 매우 정갈하고 영성적으로 보냈다. 매일 새벽 3시에 일어나 원고를 집필하고 중간중간 빠짐없이 기도를 드렸으며 정해진 시간에 식사를 했고 오후엔 이란 혁명에 힘을 쏟았다. 당시 호메이니를 찾아와 교류했다고 알려진 철학자 푸코는 이후 『성의 역사』의 제3권 『자기에의 배려』를 호메이니에게서 영감을 받고 썼다고 한다.

이란이 새로운 제도를 통해 성과 속의 균형을 유지하며 이란을 이끌고 있는지는 두고 봐야겠지만, 분명한 건 본인들만의 진단으로 새로운 정치제도를 이용해 통치 실험을 하고 있는 중이라는 것이다. 우리가 당연하게 여기는 정치제도도 정치제도의 하나일 뿐이라는 것, 얼마든지 새로운 실험도 가능하다는 걸 이란이 몸소 보여주고 있는 셈이다.

●

호메이니가 돌아온 후, 이란은 일사천리로 이슬람공화국으로 변했을까? 그렇지 않았다. 현 이란 대통령 하산 로하니가 웃으며 신문 속에서 등장하기까지 많은 일이 있었다. 많은 죽음과 결별, 시행착오의 연속이었다. 역사가 늘 그렇듯이.

기원전 3000년 전부터 시작한 이야기가 이제 막바지까지 왔다. 마지막 장을 읽다보면 문득 깨닫게 될 것이다. 우리가 '이란' 하면 떠올리는 대부분의 이미지는 이란의 중요한 현재이긴 하지만, 긴 이란의 역사 중 최근 40년간 만들어진 이미지라는 것을.

자, 이란을 어두운 나라로 오해하게 만든 시기이자 그 오해를 풀 실마리를 담고 있는 시기, 가장 최근의 시간으로 어서 가보자.

●

제5장

새로운 실험

01

이슬람 공화국 만들기 프로젝트

호메이니가 공항에 도착한 1979년 2월 1일부터 혁명이 완료된 2월 11일까지를 '여명의 10일'이라고 부른다. 여명이란, 희미하게 날이 밝아오는 빛을 뜻한다. 말 그대로 이 시간 동안 혁명의 빛은 보일 듯 안 보일 듯 반전을 거듭했다.

호메이니는 다양한 성격의 지지자를 한데 모아 혁명지도부를 만들었다. 아직 바흐티여르 총리의 정부가 남아 있었기 때문에 테헤란 거리는 조용할 틈이 없었다. 무기를 든 혁명지지 조직들이 정부의 군대와 맞붙어 싸웠다. 그러나 혁명의 날은 조금씩 밝아오고 있었다. 2월 11일 결국 이란 군대가 정치적인 중립을 결정했고 바흐티여르 총리는 망명길에 올랐다. 이건, 호메이니의 승리 곧 혁명의 승리를 뜻했다. 이슬람 혁명의 승리였다.

호메이니는 혁명 승리 후 특유의 카리스마를 바탕으로 권력을 구축해갔다. 그는 급기야 '이맘 호메이니'로 불리기 시작했다. 알리의 후손이 아니면서 '이맘' 호칭을 가지다니! 이란 국민이 얼마나 그를 영웅으로, 구세주로 생각하는지를 잘 알 수 있다.

호메이니는 이란을 '이슬람 공화국'으로 만들기 위한 조직을 차근차근 만들어갔다. 나라 운영에 필요한 정당·군대·재판소를 만들었고, 각각 이슬람 공화당(1987년 6월 없어졌다)·이슬람 혁명 수비대·혁명재판소라는 이름이 붙었다. 모든 이름에 '이슬람'과 '혁명'이 들어갔다. 이제 이슬람 공화국은 다 만들어진 걸까?

그러나 새 정부를 어떤 스타일의 정부로 만들지에 대한 의견은 너무나 다양했다. 호메이니와 이슬람 세력들은 당연히 이슬람 공화국을 원했고, 자유주의 세력과 좌파 세력들은 '민주 공화국'을 주장했다.

호메이니는 정치에서도 서구적인 냄새를 폴폴 풍기는 민주 공화국보다 이슬람 정부가 더 낫다고 주장했다. 서구의 간섭에 시달리고 미국의 꼭두각시로 불린 왕을 갓 쫓아낸 국민들에게 호메이니의 주장이 더 설득력이 있어 보였다. 1979년 4월 1일. 국민 97퍼센트의 찬성으로 결국 이란은 민주 공화국이 아닌 새로운 형식의 나라, 이슬람 공화국이 되었다. 현재 이란의 공식 명칭 '이란 이슬람 공화국'이 탄생하는 순간이었다.

사라진 미니스커트

이슬람 공화국이 탄생한 후, 그해 12월 이슬람 공화국 헌법이 만들어졌다. 이란은 이슬람 공화국이 되었지만, 호메이니의 주도로 이란이 강력한 이슬람 공화국이 되어가는 동안 많은 성직자와 지식인이 다른 의견을 제시했고, 이 와중에 호메이니는 많은 동지와 헤어졌다.

그러나 이란은 이슬람 공화국이 되었고 점차 이란은 다른 모습으로 변해갔다. 혁명 직후 이란의 거리 이름은 대부분 이슬람 혁명과 관련된 인물 이름이나 용어로 바뀌었다. 이를테면 이란의 남북을 가로지르는 팔레비 거리는 발리 아스르(언젠가 재림한다고 믿는 제12대 이맘 메흐디를 뜻한다) 거리로 바뀌었고, 테헤란대학교가 있는 샤 레자 거리는 혁명을 뜻하는 엥겔럽 거리로 바뀌었다.

거리 곳곳에 있던 술집도 사라졌고, 나이트클럽은 불탔다. 매음굴은 폐쇄되었다. 한동안 영어 방송과 영자 신문을 찾아볼 수 없게 되었고, 라디오와 텔레비전에서는 행진곡과 군가, 혁명을 찬양하는 뉴스와 『쿠란』 구절만이 흘러나왔다(지금은 아니다). 이란 여인들이 히잡을 쓰는 건 의무가 됐고, 이란 남자들은 서구의 상징이라고 여겨진 넥타이를 더 이상 매지 못하게 됐다. 새로운 나라에 대한 열망이 만든 변화는 변화를 바랐던 사람조차 당황스러울 만큼 급박하게 흘러갔다.

　이슬람 혁명이 일어난 지 40년이 흐른 지금, 많은 것이 달라졌지만 이슬람의 관습과 규율이 스며든 나라의 모습은 큰 변화 없이 지금까지 이어져오고 있다.

02

혁명 후, 이란을 전 세계에 알린 사건들

성직자와 수많은 국민이 힘을 합쳐 왕을 내쫓고 새로운 나라를 만들다니!

이슬람 혁명(1979)은 전 세계 사람들에겐 놀랍고도 충격적이었다. 프랑스의 유명학자 푸코는 테헤란까지 날아와 혁명을 취재하며 이슬람 혁명을 '서구의 세계체제에 맞선 최초의 대반란'이라고 평가하며 흥분했다. 푸코의 말은 조금 어렵지만, 이란은 서구가 민주 공화국만이 정답인 듯 외칠 때, 보란 듯이 이슬람 정부라는 전혀 새로운 나라를 탄생시킨 셈이었다.

이슬람 혁명으로 전 세계를 깜짝 놀라게 한 뒤에도 이란은

10여 년간 굵직하고 인상적인 사건으로 세계 언론을 장식했다. 이슬람 혁명에 연이어 벌어진 이 사건들은 전 세계 사람들이 이란을 폭력적이고 무서운 나라로 생각하게 만들었다. 물론 우리도.

444일 동안의 납치: 미 대사관 인질 사건

1979년 11월 4일, 이란 국내뿐만 아니라 전 세계를 충격에 빠뜨린 사건이 발생한다. 바로 '미 대사관 인질 사건'이다.

해외로 망명한 팔레비 왕은 이집트·모로코·멕시코 등 외국을 전전하다 췌장암 치료를 받기 위해 1979년 10월 22일 미국으로 입국했다. 왕이 뉴욕의 한 병원에 있다는 소식을 접한 일부 이란 사람들은 왕의 고위관리들이 미국에 모여 있던 것을 보고, 또 다른 음모라고 생각했다. 그들은 왕이 수술 때문이 아닌, 미국의 도움을 받고 다시 이란의 왕이 되려 미국으로 온 것이라고 생각했다.

그들이 이렇게 생각했던 건 1953년 CIA 쿠데타에 대한 뼈아픈 기억 때문이었다. 겨우 쫓아냈던 왕이 미국의 도움으로 다시 왕이 되어 돌아온다면? 생각만 해도 두려운 일이었다.

이란인은 왕을 이란으로 보내라고 요구했고, 미국이 이를 거부하자 대규모 시위가 발생했다. 테헤란 주재 미국대사관 앞에서 시위를 하기 시작했다. 11월 4일, 사건이 벌어졌다. 대학생들이 대사관 담을 넘어 여성·흑인을 제외한 52명을 납치했고, 그동안 대사관을 드나들었던 이란인 명단을 비롯해 다양한 기밀 파일을 훔쳐보았다.

이 인질 사건은 무려 444일간 계속됐고, 카터가 재선에 실패하고(이 사건에 강경하게 대처하지 못한 영향이 컸다), 1981년 레이건이 새 대통령이 된 후에야 취임식에 맞춰 인질들은 풀려났다.

그동안 미국이 잠자코 당하고만 있었냐고? 그럴 리가. 미국도 '독수리 발톱 작전'(1980)이라는 구출 작전을 시도했지만, 작전에

• **미 대사관 인질 사건**
444일 동안 대사관을 점령하고 미국인을 납치한 사건은 전무후무하게 미국의 자존심을 건드린 사건이 되었다. 이후 미국대사관은 테러의 주 목표 대상이 되었다.

동원된 헬리콥터가 고장 나고 철수 과정 중 모래폭풍에 수송기와 헬리콥터가 충돌해 승무원이 사망하는 등 망신만 당한 채 실패로 끝났다. 2013년 아카데미 작품상을 탄 영화 〈아르고〉는 이때 캐나다 관저에 피신해 있던 미국 외교관 여섯 명의 구출 작전(1980)을 다룬 영화로, 이 구출작전은 끝내 성공으로 끝났다. 어쨌건 이 사건은 미국 입장에선 전무후무하게 자존심을 구긴 사건이 되었고, 화가 난 미국은 이란과 외교관계를 끊어버렸다. 지금도 이란엔 미국대사관이 없다.

호메이니는 이 사건에 성급히 대응하지 않고(만약 인질범인 대학생들을 지지한다면 일부 국민들의 반발을 일으키거나, 미국과 무력충돌이 일어날 게 뻔했다) 지켜보면서 이 사건을 반대파를 누르고 강력한 이슬람 공화국을 만드는 데 활용했다. 초강대국 미국의 대사관을 점거했으니, 호메이니와 이슬람 혁명세력을 막을 자는 아무도 없었다!

8년간의 승부 없는 전쟁, 이란-이라크 전쟁(1980~1988)

미 대사관 인질 사건이 해결되기도 전 1980년 9월 22일, 이라크의 공격으로 이란-이라크 전쟁이 터졌다. 이라크는 혁명 이듬해, 그러니까 이란이 한창 정신없을 때를 노리고 공격했다. 다른 속셈도 있었다. 이라크는 이란에 유리하게 그어진 국경(샤트 알 아라비아 수로 경계선)을 이라크에 유리하게 바꾸고 싶었고, 이란의 이슬람 혁명이 시아파가 55~60퍼센트인 이라크를 흔들어버리기 전에, 이란의 코를 확 눌러주려는 속셈도 있었다.

초기엔 이라크가 유리했다. 그러나 이란 젊은이들이 똘똘 뭉쳐 나중엔 전세가 역전됐다. 호메이니가 조직한 민간인 부대, '바시즈'는 학교를 방문하고 언론에 기사를 실어 청년들에게 전쟁에 참여해달라고 부탁했다. 그들은 이란인들이 가장 가슴 아파

• **이란–이라크 전쟁의 소년병**
  승자 없이 끝난 이란–이라크 전쟁엔 수많은 소년·청년병이 참전해 목숨을 잃었다.

하는 '카르발라 전투' 이야기를 끌어와 이번 전쟁이 현대의 카르발라 전투라면서, 청년들의 가슴에 불을 지폈다. 전쟁 경험이 없는 수많은 소년·청년이 이렇게 전쟁터에 나가 총에 호메이니의 사진을 붙이고 이라크군과 싸웠다.

1982년 이라크가 휴전을 요청했지만 이란은 이를 거절했다. 1984년 들어서자 전쟁은 석유가 매장돼 있는 페르시아만으로 번져 이란과 이라크는 상대방 나라에 출입하는 유조선을 수없이 파괴했고, 또 상대방 나라의 주요 도시에 미사일을 쏘아댔다. 전쟁의 피해가 극심해지던 1988년 7월의 어느 날, 미 전함이 이란 여객기를 공격해 탑승객 298명이 사망하는 등 미국이 가세해 전쟁의 규모가 커지려고 하자, 호메이니는 전쟁을 계속하겠다는 마음을 접었다. 그는 전쟁을 끝내라는 유엔 안보리의 종전 결의안을 받아들였고 8년 만에 100만여 명의 희생자를 낸 이란-이라크 전쟁은 끝이 났다(1988). 승자는 이라크라고 해야 할까? 이란이라고 해야 할까? 사실 승자는 그 어느 나라도 아니었다.

호메이니, 영국 작가에 사형선고: 『악마의 시』와 파트와 사건

1989년 2월 14일. 호메이니는 라디오 방송을 통해 한 영국 작가에게 사형 선고를 내렸다.

"전지전능하신 신의 이름으로. 우리는 신 안에 있으며 신께로 돌아갈 것이다. 나는 이슬람, 예언자, 그리고 『쿠란』에 반대하는 『악마의 시』 작가와 출판자에게 사형선고를 내린다. 나는 모든 열정적인 무슬림에게 그들을 신속하게 찾아서 집행할 것을 요구한다. 어느 누구도 이슬람의 존엄성을 모욕할 수 없다. 신의 의지에 따라 이 길에서 죽는 자는 순교자로 간주될 것이다."

-유달승, 『이슬람 혁명의 아버지 호메이니』

도대체 어떻게 된 일일까? 호메이니가 영국 작가의 작품에 이토록 흥분한 이유는 무엇이었을까? 『악마의 시』는 사형선고를 내리기 1년 전인 1988년 9월 영국에서 출간된 소설로 인도계 영국 작가 살만 루시디의 작품이다. 이 소설은 작품성은 높게 평가를 받았지만, 이슬람 세계에서는 이슬람을 모독하는 작품이라고 항의했다.

이 소설 속에서 작가는 이슬람교의 창시자 무함마드를 부정적으로 묘사하고, 그의 열두 명의 아내를 창녀로 묘사하여 『쿠란』의 일부가 악마의 시라고 표현했다. 어찌 보면 무슬림들이 화날 만도 했다.

호메이니는 사건 초기엔 루시디를 미치광이 취급하며 무관심해했지만, 이슬람 세계의 반발이 심해지자 입장을 바꾸었다. 그는 기왕 많은 무슬림이 화난 김에, 본인이 나서서 무슬림을 더 똘똘 뭉치게 만들고 긴 전쟁으로 혼란스러워진 이란을 잠잠하게 만들기로 결심했다. 물론 이렇게 되면 자신의 지지자들도 더 많아질 터였다.

호메이니가 사형 선고를 내린 다음 날, 수천 명의 시위대들이 영국대사관에 돌을 던졌다. 루시디는 「사과 성명서」를 이란으로 보냈지만, 호메이니는 무시하며 모든 무슬림들은 루시디를 잡아 처단해야 한다고 말했다. 이후 이란의 한 종교단체가 루시디의 목에 현상금을 걸자, 루시디는 영국 경찰의 보호 아래 지내야 했다.

작가는 죽지 않았지만, 책과 관계된 애꿎은 사람만 죽어갔다. 『악마의 시』를 번역한 이탈리아인 번역가가 습격당했고, 일본인 번역가는 살해당했다. 터키인 번역가는 투숙한 호텔에서 불이 나 화상을 입었다.

이 사건으로 이란은 영국과 외교관계가 끊겼다. 1998년 당시 하타미 대통령이 "루시디 사건이 완전히 끝났다"고 밝히고, 외무부 장관이 영국 외무장관과 가진 회담에서 루시디 현상금에 대한 지지를 철회하면서 사건은 마무리됐다.

표현의 자유를 보장해줘야지 너무한 것 아니냐고? 아니나 다를까.『악마의 시』사건은 전 세계 사람들에게 표현의 자유에 관한 논쟁을 불러일으켰다.

여러분은 어떻게 생각하는가? 많은 사람들이 신성시하는 종교를 모독하면서까지 표현의 자유는 보장돼야 하는 걸까? 아니면 그래선 안 되는 걸까?

03

이슬람 공화국의 시대

앞에서 말한 세 사건은 전 세계를 떠들썩하게 만들었지만, 호메이니가 강력한 권력으로 이슬람 공화국을 만들어가는 데에는 도움이 되었다. 호메이니는 이 사건들을 이용해 내부의 반대 세력을 제거하며 강력한 이슬람 공화국을 만들어나갔다. 미국 대사관에 인질을 묶어둔 그 시기에 이슬람 공화국 헌법을 만들었고, 이란-이라크 전쟁과 루시디 사건이 일어난 와중에도 몇 명의 대통령이 바뀌며 시간이 흘러갔다.

　자, 신기해 보이는 이슬람 공화국은 도대체 어떤 식으로 구성되어 있고, 어떤 식으로 굴러가는 걸까? 이슬람 공화국의 구조와 더불어 최근까지 눈에 띈 이란 대통령과 굵직한 사건도 함께 살펴보자.

이란에서 가장 높은 사람은? 최고지도자 VS 대통령

이란에서 가장 높은 사람은 누구일까? 당연히 대통령 아니냐고? 흠. 물론 이란은 마지막 왕이 떠난 뒤 이슬람 공화국이 되었고 대통령을 뽑는 나라가 되었다. 그러나 가장 높은 사람은 대통령이 아닌 최고지도자이다. 뭔가 이상하다고?

이란의 이슬람 공화국은 두 가지 개념, 민주주의와 이슬람 법학자 통치론이 합쳐진 시스템이다. 어렵다고? 그렇게 어렵지 않다. 이란의 통치는 민주주의에 더해 앞에서도 잠깐 말한 '이슬람 법을 제일 잘 아는 법학자가 나라를 통치해야 한다'는 개념이 합쳐진 것일 뿐이다.

자, 통치 구조를 살펴보면 더 쉽다. 이란 정부는 우리처럼 입법부(국회), 행정부, 사법부로 나뉘어 있고 선거로 뽑은 대통령도 있고 국회의원도 있다. 한데 우리나라에서 가장 높은 사람, 즉 국가 원수는 행정부의 장(長)인 대통령이지만, 이란의 국가 원수는 행정부의 장도 입법부나 사법부의 장도 아닌, 그 위에 있는 최고지도자이다. 우와, 그러고 보니 최고지도자가 이란 권력구조의 가장 꼭대기에 있는 것이다.

최고지도자는 이란의 정책을 결정하고 집행하며, 군대도 쥐고 있고 언론에도 영향력이 있고 더불어 대통령을 자를 수도 있다. 그야말로 거의 중요한 권한은 다 갖고 있는 셈이다.

최고지도자에게 왜 이렇게 많은 권한을 준 걸까? 앞에서 말했듯 이란 이슬람 정부의 중요한 원칙 때문이다. 그들은 현 시대의 지도자는 사라진 제12대 이맘이 재림하기 전 대신 이란을 통치할 뿐이고, 대신 통치하는 사람은 이슬람법을 제일 잘 아는 이슬람 법학자여야 한다고 본다. 정치인이 아니라.

이맘 대신 이란을 다스리는 이슬람 법학자가 바로 최고지도자이며, 실제로 최고지도자는 이슬람 법학자로 이루어진 전문가회의 멤버 중에서 뽑는다. 호메이니가 제1대 최고지도자였고 그가 세상을 떠난 1989년부터 제2대 최고지도자는 하메네이(임기: 1939~)였다. 아직도 최고지도자는 하메네이이다.

왜 최고지도자가 여태껏 한 번도 바뀌지 않았냐고? 최고지도자는 큰 잘못이 없는 한 죽을 때까지 맡을 수 있다. 여러모로 최고지도자는 '최고로 높은' 지도자인 셈이다.

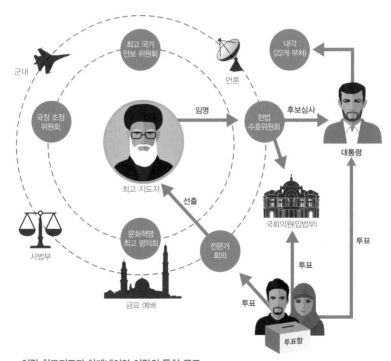

- **이란 최고지도자 하메네이와 이란의 통치 구조**

  이란의 국가 원수는 대통령이 아닌 최고지도자이며, 최고지도자가 대부분의 중요한 권한을 다 가지고 있다.

이란 대통령 훑어보기:

제1대 바니 사드르 대통령부터 제6대 대통령 라프산자니까지

현재 이란의 대통령은 제12대 하산 로하니이다. 흰 터번을 쓴 마음씨 좋은 할아버지처럼 생긴 로하니 대통령이 이란을 이끌기 전까지 총 여섯 명의 대통령이 이란을 통치했다. 그럼 열한 명이어야 하는 것 아니냐고? 임기 4년의 이란 대통령은 연이어서 두 번 대통령을 할 수 있다(세 번 연속 대통령이 되는 건 안 되지만, 두 번 연이어 한 후 쉬었다가 출마하는 건 가능하다). 역대 이란 대통령들은 제1대·제2대 대통령을 제외하면 지금 로하니 대통령까지 모두 두 번 연속 대통령직을 맡았다.

제1대 대통령은 호메이니의 추종자로 프랑스 망명 시절 호메이니를 돕다 대통령까지 된 바니 사드르(임기: 1980~1981)라는 사람이었다. 그는 나중에 호메이니와 다른 생각으로 다른 길을 걷다 결국 탄핵이 됐고, 제2대 알리 라자이(임기: 1981)는 대통령이 된 지 한 달 만에 폭발물 사건으로 사망했다. 제1대·제2대 대통령들이 우여곡절을 겪은 건 그만큼 갓 탄생한 이슬람 공화국 안에 의견이 다양했다는 걸 보여준다.

이후 제3대·제4대 대통령이 된 사람은 지금 최고지도자 하메네이다. 당시 최고지도자 호메이니 곁에서 나라를 이끈 하메네

　　　　　　　　제5장 새로운 실험

이는 최초의 성직자 출신 대통령이었다. 하메네이 이후부터 이란 대통령은 제9대·제10대 대통령 아흐마디네자드를 제외하면 다 성직자 출신이었다. 성직자 출신과 비성직자 출신은 사진만 봐도 구분할 수 있다. 어떻게? 제1대·제2대 대통령을 포함해 아흐마디네자드 대통령을 제외하면, 성직자 출신 대통령은 모두 터번을 쓰고 있다는 사실. 1989년 이슬람 혁명의 아버지 호메이니가 죽은 후, 제3대·제4대 대통령 출신의 하메네이가 최고지도자가 됐고, 하메네이에 이어 대통령이 된 사람은 라프산자니이다. 그는 하메네이보다 상대적으로 개혁적인 사람이라 이 시기 이란 경제가 많이 좋아졌다.

개방적 대통령과 이란 영화 전성시대:
제7대·제8대 대통령 하타미 시절

낯선 나라 대통령 이야기를 하니 혼란스럽다고? 자, 그렇다면 좀 분위기를 바꿔서 다른 이야기를 해보자. 〈천국의 아이들〉(1997), 〈내 친구의 집은 어디인가〉(1987), 〈하얀 풍선〉(1995), 〈체리 향기〉(1997), 〈올리브 나무 사이로〉(1994)……. 이란 영화를 한 번쯤은 TV에서 본 적이 있거나, 아니면 이름을 들어본 적 있겠지? 이란 영화가 우리나라에서 훌륭한 예술영화로 인정받으며 한창 많이 개봉되던 때는

• **제7대 · 제8대 대통령 하타미(좌)와 제9대 · 제10대 대통령 아흐마디네자드(우)**
하타미 대통령 시절 이란은 상대적으로 훈풍이 불었지만 아흐마디네자드 대통령 시절 국제관계가 크게
악화됐다.

1997년에서 2000년대 초 즈음이다. 이 시기 이란 대통령이 된
사람은 제7대 · 제8대 하타미 대통령(임기: 1997~2005)이었다. 그는
11년간 문화부 장관을 지냈고 외국어도 능통한 철학박사 출신의
개방적인 대통령이었다.

그의 시기 예술인들을 괴롭혔던 엄격한 검열도 누그러지고,
이슬람 혁명 후 금지된 여성 가수의 공연도 허용이 됐다. 더불어
그는 '문명 간의 대화'를 강조하며 다른 국가들과 좋은 관계를

유지하려고 했다. 자유와 인권이 보장되는 이란을 만드는 게 그의 목표였던 것이다. 하타미 대통령은 무려 69퍼센트의 득표율로 대통령이 됐다. 그가 압도적인 지지로 당선된 건, 그만큼 이란의 '변화'를 바라는 사람이 많았기 때문이다.

미국은 왜 이란을 싫어할까?:
강경한 제9대·제10대 대통령 아흐마디네자드 시절

하타미 대통령 이후 제9대·제10대 대통령을 지낸 아흐마디네자드(임기: 2005~2013)는 미국과 대놓고 으르렁거린 대통령이었다. 그는 역대 대통령 중 가장 강력한 대통령이었다. 일반인 출신 후보(테헤란 시장이었다)로 빈부격차 해소, 부정부패와의 전쟁, 임금인상, 물가인하, 부정부패 척결 등 국민이 원하는 바를 쏙쏙 뽑아내 공약으로 내걸었다. 또 석유와 천연가스 수익도 공평하게 나누겠다고 해서 국민들의 큰 인기를 얻었다. 아흐마디네자드는 무엇보다 핵개발을 밀어붙여 이란을 '악의 축(Axis of Evil)'이라고 부르는 미국과 대립각을 세운 존재감 있는 대통령이었다.

이란에 끈질기게 따라붙는 수식어 '악의 축'은 미국 조지 부시 대통령이 2002년 국정 연설에서 이라크·이란·북한을 가리키며 국제 사회에서 가장 위협이 되는 국가라는 뜻으로 쓴 말이다. 미국이 '악의 축' 나라 중에서도 가장 골칫거리로 생각하는 나라가 이란이다. 이왕 이렇게 된 김에 잠깐 짚고 넘어가보자. 미국은 왜 이렇게 이란을 싫어하게 된 걸까?

그건 바로 미국이 중동지방에서 마음대로 석유를 뺏어 쓰고, 이스라엘을 보호하는 데 이란이 걸림돌이 되기 때문이다. 혁명 전 상황을 떠올려보자. 오일 쇼크로 이란이 미국의 주 석유 공급국이 됐을 때, 미국은 이란과 아주 사이가 좋았다. 이란이 혁명 후, '반미 정부'가 되자 정반대의 상황이 된 것이다.

미국 입장에선 시아파 대국인 이란이 시아파가 정권을 잡은 중동 국가들과 힘을 합쳐, 친미 국가인 사우디아라비아를 포함한 수니파 국가들을 힘으로 눌러버리고 중동 최대의 강국이 될까 염려하고 있다.

미국은 9·11테러 이후 '테러와의 전쟁'을 선포하고, 이란이 핵을 개발한다는 이유로 이란을 테러지원국으로 몰아갔다. 그러나 이란이 핵개발을 시작한 건 혁명 전인 1967년부터이다. 테헤란에 핵 연구센터가 설립되도록 지원해주고, 나중엔 양국 간 핵협정까지 맺어 이란이 핵개발을 하는 데 앞장서준 나라가 바로 미국이었다. 수십 년 만에 이렇게 국제관계가 뒤바뀌다니!

미국이 유엔을 이용해 2006년부터 이란의 경제를 봉쇄한 이

유도 바로 핵이다. 이란이 핵으로 국제 평화와 안보를 위협한다는 것이다. 그런데 왜 미국은 이스라엘과 인도·파키스탄 등 다른 나라의 핵 개발은 비난하지 않을까? 이란의 입장에서 생각해보면 이야기는 또 달라진다. 이란을 둘러싼 거의 모든 국가에 지뢰밭처럼 미군이 주둔하고 있다. 마치 중동에서 미국이 노리는 단 하나의 나라가 이란인 것처럼. 이란이 핵무기를 개발하는지 안 하는지는 우리로선 알 길이 없지만, 설사 개발한다 해도 이란을 마냥 비난할 수는 없지 않을까?

그린웨이브와 경제제재 해제:
제11대 대통령 하산 로하니 시절

2009년 초여름, 이란 전역은 녹색 물결로 뒤덮였다. 전국 곳곳에서 시위대들이 녹색 깃발, 녹색 손수건, 녹색 풍선, 녹색 종이를 흔들며 시위를 해 '이란 그린 무브먼트'(Iran Green Movement)라는 별명이 붙은 이 시위는 1979년 이슬람 혁명 이후 최대 규모였다.

원인은 2009년 대선 부정선거 논란이었다. 아흐마디네자드 대통령이 재선을 앞둔 시점, 인기가 높은 후보는 무사비였다. 모두 그가 당선될 것이라고 기대했지만 아흐마디네자드가 63퍼

• **이란 그린 무브민트**(Iran Green Movement)
2009년 초여름, 이란에서 대선 부정선거 의혹으로 인해 시비가 일어났다. 이슬람 혁명 이후 최대 인파가 몰린 시위로 연일 거리가 뜨거웠다.

센트로 당선되자 젊은이들과 무사비 지지자들은 '내 표는 어디에?'라는 구호를 외치며 저항했다. 시위가 거세지자 나중엔 이슬람 혁명 당시 외쳤던 '독재자에게 죽음을!'이라는 구호까지 나왔다.

아흐마디네자드 대통령이 공약을 거의 지키지 못하고, 이란을 보수적인 이슬람국가로 만든 탓인지, 제11대 대통령은 조금 더 온건한 후보인 하산 로하니 대통령(임기: 2013~현재)이 당선되었다. 로하니 대통령은 혁명 이후 최초로 당시 미국 대통령 오바마와

• **하산 로하니 대통령**
이란의 제11대·제12대 대통령이다. 2013년 대통령 선거에 당선되었고, 2017년 재선에 성공하였다.

전화통화를 하는 등 이란의 변화를 시도하는 모습을 보이더니, 우여곡절 끝에 2016년 초 핵협상 타결로 경제 제재 해제를 이끌어냈다.

이란은 핵개발 의혹 때문에 오랜 시간 UN 안보리의 제재와 미국과 EU의 경제 제재를 받아왔다. 제재로 이란 경제가 꽁꽁 묶인 탓에 경제 성장률이 거의 제자리걸음이거나 마이너스 성장을 기록하는 등 상황이 좋지 않았다.

2017년 5월 하산 로하니 전 대통령은 다시 대통령이 되었다.

그가 대통령이 됐다는 건 이란 국민들이 여전히 이란의 변화를 바란다는 뜻이다.

이슬람 혁명이 일어난 지 40년의 시간이 흐른 지금 이란의 경제 상황은 좋지 않고, 정치권에서도 이슬람 정부 시스템에 대한 의견이 분분하다. 젊은 세대들은 세계적인 흐름과 변화에 발맞추지 못하는 보수적인 이란 정부에 불만이 많다. 계속 이런 식으로 간다면, 이란은 또 다른 거대한 변화를 맞을지도 모른다.

이란의 이야기는 오늘도 계속 쓰이는 중

6만 년 전 사람의 뼈에서 출발한 이란의 이야기는 오랜 시간을 지나 2018년 현재에 이르렀다.

지금까지 만났던 이야기와 사람, 풍경들을 가만히 떠올려보자. 말발굽 소리를 내며 이란고원에 등장한 아리안인 무리와 이란을 전 세계에 알린 페르시아의 키루스 왕과 전설적인 페르시아의 궁전, 이란을 빠르게 정복한 아랍 군대와 서서히 이란을 물들인 이슬람, 몽골인에 의해 흘려진 붉은 피와 힘겹게 부활한 사파비조의 형형색색의 건축물, 허약한 왕들 밑에서 법치를 외친 입헌혁명 세력들의 단단한 눈빛과 팔레비조 치하의 유럽풍의 테헤란 거리, 그리고 호메이니 사진을 들고 거세게 변화를 외친 시위대까지…….

이슬람 혁명 후 40년이 지난 지금, '이슬람공화국' 이란이 영원할 것처럼 느껴지지만, 과거가 그랬듯 이 순간도 이란 역사의 한 매듭으로 남겨질 것이다. 앞으로 이란은 어떤 이야기를 만들어갈까? 거대한 페르시아 제국을 만들고 800년간의 지배를 끈질기게 버텨냈으며 변화에 대한 열망으로 새로운 체제 이슬람공화국까지 만들어낸 나라, 이란. 강건하지만 유연한 태도로 눈부신 영광의 시간과 혁명의 순간을 만들어낸 이란 역사를 곱씹으면 곱씹을수록 이 나라의 다음 이야기가 참 궁금해진다. 분명, 평범하진 않을 것이므로.

오늘 우연히 TV에서 이란 뉴스를 봤다고? 옳거니! 여러분이 나와 함께 살펴본 이란의 긴 이야기에 새로운 이야기가 추가된 셈이다.

이란의 이야기는 오늘도 계속 쓰이고 있다.

이란 국기는 이슬람 혁명을 품고 있다

이슬람 혁명 후, 이란의 국기는 약 75년 만에 지금의 국기로 바뀌었다. 지금 이란의 국기는 이란 이슬람 공화국이 탄생한 계기인 이슬람 혁명에 대한 상징이 고루 박혀 있다. 국기를 보면, 그 나라의 역사와 중요하게 생각하는 가치를 알 수 있는데 이란의 국기도 딱 그런 경우이다. 우선 바탕은 평범한 삼색기로 위로부터 녹색·흰색·빨간색순이다. 각각 상징하는 건 이슬람·평화·용기 또는 순교자이다. 녹색은 이슬람의 창시자 무함마드 때부터 즐겨 쓴 이슬람의 대표적인 색깔이다. 빨간색은 피를 떠올리게 하니 순교자라는 의미를 얻었겠지?

가운에 보이는 램프 같은 문양은 두 가지 해석이 있다. '알라 외에 다른 하느님은 없다'는 뜻의 아라비아어 문장을 그림으로 형상화했다는 게 하나이고, 튤립을 형상화했다는 게 또 하나이

다. 웬 튤립? 튤립은 순교자의 피를 먹고 자란다는 신화가 있어 이슬람 혁명 당시 피를 흘린 순교자의 애국심과 희생을 튤립으로 형상화했다는 것이다.

하얀색 부분을 기준으로 녹색기 아래쪽과 붉은기 위쪽엔 하얀 선으로 문양 같은 게 새겨져 있는데, 이는 '신은 무엇보다 위대하다'는 아라비아어 구절이 형상화되어 22번 박혀 있는 것이다. 왜 하필 22번일까? 그건 바로 앞에서 말한 이슬람 혁명이 완료된 혁명 기념일이 이슬람력 11월의 22번째 날이기 때문이다. 색깔부터 문양과 문구까지 죄다 이슬람 혁명을 기념하고 있는 셈이다.

참고로, 카자르조 시절이었던 1907년부터 1980년 혁명 직후까지 썼던 국기는 어땠을까? 삼색기는 똑같았지만, 중간에 박힌 문양이 달랐다. 이전 국기엔 왕을 상징하는 칼을 들고 있는 사자가 그려져 있었다.

히잡이 억압적인 걸까?
아니면 히잡을 강요하는 국가나 통치자가 억압적인 걸까?

이란 여성들은 거리와 공공장소에서 반드시 히잡을 착용해야 한다. 외국인 여성도 예외는 없다. 이란 여성들은 어떤 히잡을 쓸까? 총 네 종류의 히잡이 있다. 차도르·숄·루사리·마그나에가 그것이다.

차도르는 얼굴만 쏙 빼고 전신을 다 가리는 히잡이고, 숄은 목도리처럼 생긴 기다란 스카프로 가장 대중적인 히잡이다. 루사리는 사각형의 스카프를 반으로 접어 머리에 두르는 식의 히잡이고, 마그나에는 두건 같은 머리가리개 모양의 면사포처럼 뒤집어쓰는 히잡이다.

이란 여성 억압의 상징, 히잡은 20세기 이란에서 45년 사이로 급변했다. 팔레비조의 설립자 레자칸은 한때 거리에서 히잡을 못 쓰도록 히잡 금지령을 내렸다. 하지만 45년 뒤 이란에서는 히잡

이 다시 의무가 됐다. 한데 이는 통치자의 가치관에 따른 강제였지, 정작 히잡을 써야 하는 이란 여성들이 내린 결정이 아니었다.

히잡은 찰랑찰랑한 머리칼을 가려 여성 억압의 상징이 돼버렸지만, 이란에서는 종교적인 이유로 쓰고 싶어 하는 여성들도 많다. 그렇다면 히잡이 억압적이라기보다 여성의 의사에 관계없이 히잡을 강요하는 국가나 통치자가 억압적인 것은 아닐까?

역사를 병풍처럼 두르고 보자!

역사란 무엇일까? 앞에서 얘기했듯 내가 그 나라를 만날 때까지, 그 나라가 나를 만날 때까지 만들어왔던 이야기이다. 한데 지금까지 이란의 역사를 쭉 살펴보니, 우리가 생각하는 이란의 모습은 이란의 긴 역사 중에서 이슬람 혁명 후에 만들어진 모습이 대부분이었다.

더 오랜 시간으로 거슬러가니, 이란 역사엔 다양한 순간이 있었다. 거대한 제국을 여러 번 만든 전설의 시간도 있었고, 800년간 세 민족에게 지배를 당한 굴욕적인 시간도 있었다. 더불어 유럽 강국에 우왕좌왕하던 시간도, 서구화되고 근대화되어 유럽국가 갔던 시절도 있었다. 그 시간들은 차곡차곡 쌓여 현재 이란의 풍경, 이란인의 외모와 문화에 고스란히 스며들어 있다.

그런데 그 나라에 대한 역사책 한 권을 읽게 됐다고 낯선 나라가 갑자기 가깝게 느껴질까? 그럴 리 없다. 여전히 그 나라는 낯설다. 대사관에서 일을 하고, 이란에 대한 책을 쓰는 나에게도 여전히 이란은 쉽지 않은 나라이다. 오랜 역사와 거대한 땅만큼, 손에 잡히는 듯하다가도 어느새 이란은 저 멀리 달아나 있다. 좀 알겠다 싶다가도 여전히 모르는 이야기가 많다.

그러나 이란을 만들어온 이야기를 쭉 살펴보고, 흐름을 파악하니 이란을 넓은 마음으로 바라볼 든든한 '병풍'을 만난 것 같은 느낌이 든다. 웬 병풍? 이란 사람들의 낯선 행동을 볼 때, 이란에서 일어난 사건을 볼 때 언뜻 이해가 가지 않는 모습들도 이란 역사를 병풍처럼 두르고 보게 되면 실마리가 풀리는 게 많다. 우리 역사도 똑같겠지? 우리나라의 현재 모습과 우리도 우리가 지금까지 만들어온 이야기, 대한민국의 역사를 병풍처럼 두르고 보면 많은 실마리가 풀릴 것이다.

진심으로 궁금하다. 이 책을 읽고 여러분은 이란을 어떻게 바라보게 될까? 별로 달라지지 않았다고? 갑자기 힘이 없어진다. 조금 더 편하게 느껴진다고? 다행이다. 이 세상엔 서유럽 중심 역사 교육을 받은 여러분들과 내가 모르는 이야기가 이란의 이야기 말고도 아주 많다. 이 책을 통해서 이란을 다르게 보게 됐다면, 그리고 알려지지 않은 다른 나라의 이야기가 궁금해졌다면, 이 책을 쓴 보람을 느낄 것 같다.

참고도서

1. 국내서적

김성근, 『군주의 거울 키루스의 교육』, 21세기북스, 2016

김정위, 『이란사』, 한국외국어대학교출판부 지식출판원(HUINE), 2001.

신규섭, 『페르시아 문화』, 살림, 2004.

유달승, 『이슬람 혁명의 아버지 호메이니』, 한겨레출판사, 2009.

유흥태, 『고대 페르시아의 역사』, 살림, 2008.

유흥태, 『고대 페르시아의 종교』, 살림, 2010.

유흥태, 『시아 이슬람』, 살림, 2017.

유흥태, 『이란의 역사』, 살림, 2008.

이경덕, 『황금과 교역의 나라 페르시아』, 아이세움, 2008.

임인택, 『이란 문화와 비즈니스』, 늘품플러스, 2015.

최승아, 『오 이런 이란』, 휴머니스트, 2014.

2. 번역서적

루이스, 버나드, 김호동 옮김, 『이슬람 1400년』, 까치, 2001.

반잔, 안나, 송대범 옮김, 『페르시아 ― 고대 문명의 역사와 보물』, 생각의나무,

2008.

자린쿠, 압돌 호세인·자린쿠, 루즈베, 태일 옮김, 『페르시아 사산제국 정치

　　사 ─ 이란 역사학자가 쓴 고대 페르시아 사산제국 정치사』, 예영커뮤니케

　　이션, 2011.

하타미, 서예드 모함마드, 이희수 옮김, 『문명의 대화』, 지식여행, 2002.

헤로도토스, 천병희 옮김, 『역사』, 도서출판 숲, 2009.

홀랜드, 톰, 이순호 옮김, 『페르시아 전쟁 ─ 최초의 동서양 문명 충돌, 지금의

　　세계를 만들다』, 책과함께, 2006.

연표

시기	내용
기원전 3200년경	엘람 문명.
2000년경~1000년경	아리아인의 이주.
728	메디아 제국.
550	아케메네스조 페르시아 제국.
333	알렉산드로스 대왕의 침공.
312	셀루코우스 왕조.
247	파르티아 제국.
기원후 226	사산조 페르시아 제국.
610	이슬람교 탄생.
635	아라비아 침공.
661	우마이야 왕조(이슬람 제국).
750	아바스 왕조(이슬람 제국).
821	타히르조.
864	타바레스턴 알라비조.
867	사파르조.
874	사만조.
930	지여르조.
932	부예조.
977	가즈나조.

시기	내용
1037	셀주크튀르크 제국.
1077	흐와르즘 샤 왕조.
1256	일한조.
1370	티무르조.
1501	사파비 페르시아 제국.
1736	아프샤르조.
1750	잔드조.
1794	카자르조.
1906	입헌혁명.
1914	제1차 세계대전.
1925	팔레비조.
1939	제2차 세계대전.
1951	석유 국유화 운동.
1963	백색혁명.
1979	이슬람혁명.
	미 대사관 인질 사건.
1980	제1대 대통령 바니 사드르 당선.
	이란-이라크 전쟁.
1981	제2대 대통령 알리 라자이 당선(이후 폭발물 사고로 사망).
	제3대 대통령 알리 하메네이 당선.
1985	제4대 대통령 알리 하메네이 재선.

시기	내용
1989	호메이니 사망.
	제5대 대통령 악바르 하셰미 라프산자니 당선.
1993	제6대 대통령 악바르 하셰미 라프산자니 재선.
1997	제7대 대통령 모함마드 하타미 당선.
2001	제8대 대통령 모함마드 하타미 재선.
2005	제9대 대통령 마흐무드 아흐마디네자드 당선.
2009	제10대 대통령 마흐무드 아흐마디네자드 재선.
2013	제11대 대통령 하산 로하니 당선.
2017	제12대 대통령 하산 로하니 재선.

생각하는 힘-세계사컬렉션 06

페르시아·이란의 역사
신비한 '천일야화'의 탄생지

펴낸날	초판 1쇄 2018년 5월 15일

지은이	최승아
펴낸이	심만수
펴낸곳	(주)살림출판사
출판등록	1989년 11월 1일 제9-210호

주소	경기도 파주시 광인사길 30
전화	031-955-1350 팩스 031-624-1356
홈페이지	http://www.sallimbooks.com
이메일	book@sallimbooks.com

ISBN	978-89-522-3846-7 04900
	978-89-522-3910-5 04900(세트)

※ 값은 뒤표지에 있습니다.
※ 잘못 만들어진 책은 구입하신 서점에서 바꾸어 드립니다.
※ 각각의 그림에 대한 저작권을 찾아보았지만, 찾아지지 못한 그림은
   저작권자를 알려주시면 그에 맞는 대가를 지불하겠습니다.

이 도서의 국립중앙도서관 출판예정도서목록(CIP)은 서지정보유통지원시스템 홈페이지
(http://seoji.nl.go.kr)와 국가자료종합목록시스템(http://www.nl.go.kr/kolisnet)에서
이용하실 수 있습니다.(CIP제어번호: CIP2018004659)

책임편집·교정교열 서상미 박일귀   지도 일러스트 김태욱

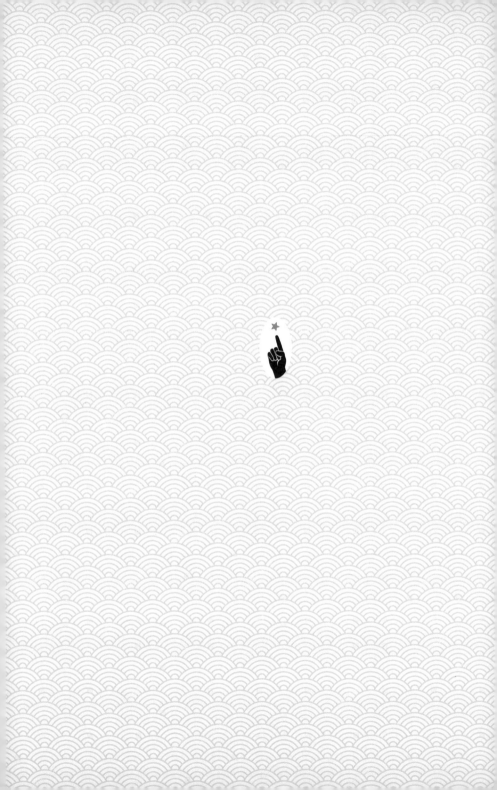